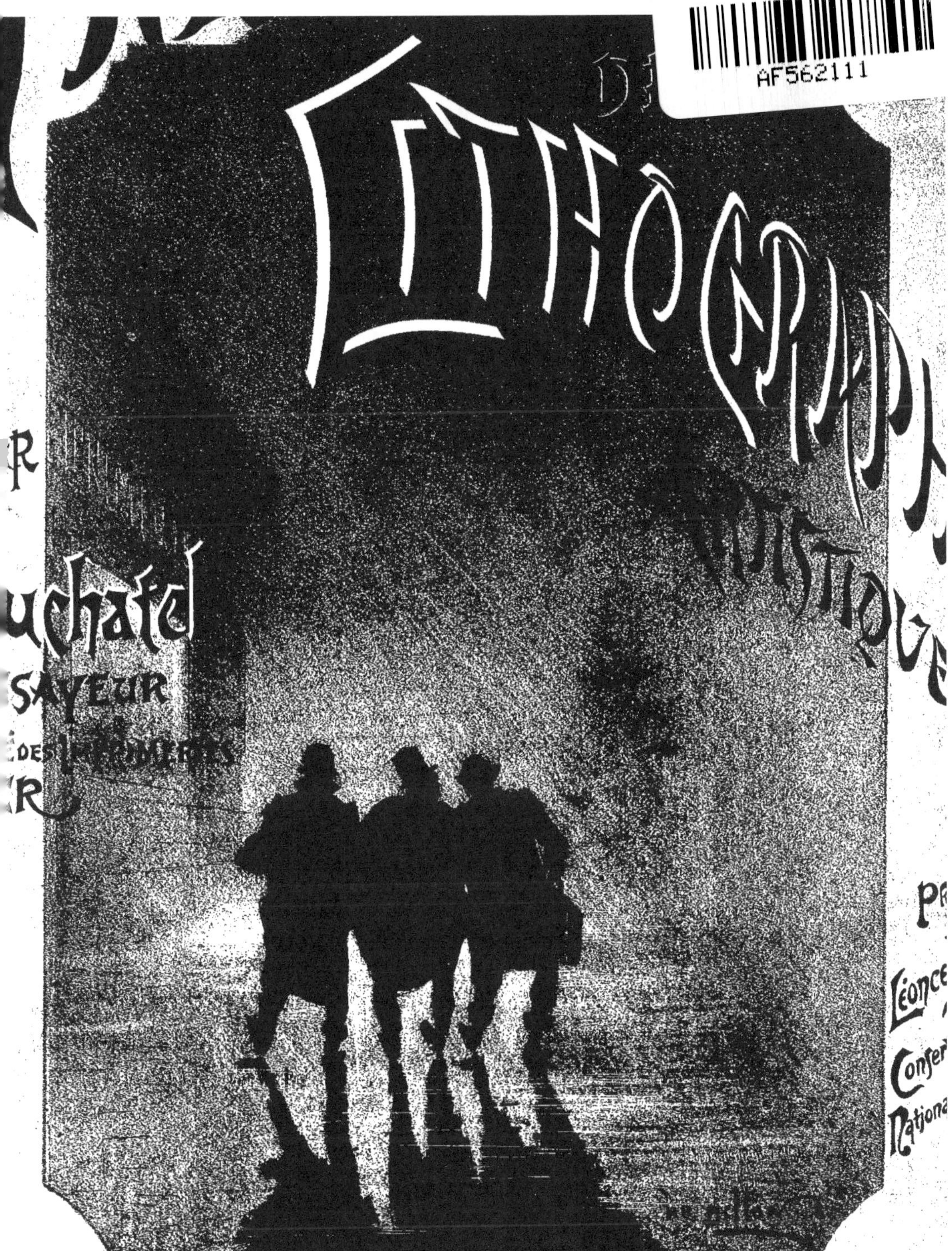

ILLUSTRÉ PAR

Souvenir de

L'Exposition de Lithographie

œuvres de CHARLET

juin 1893

H. P. Dillon

Souvenir

de

L'Exposition

de

Lithographie

œuvres de CHARLET

juin 1893

H. P. Dillon

Sté des Imp. LEMERCIER, Paris

E. DUCHATEL

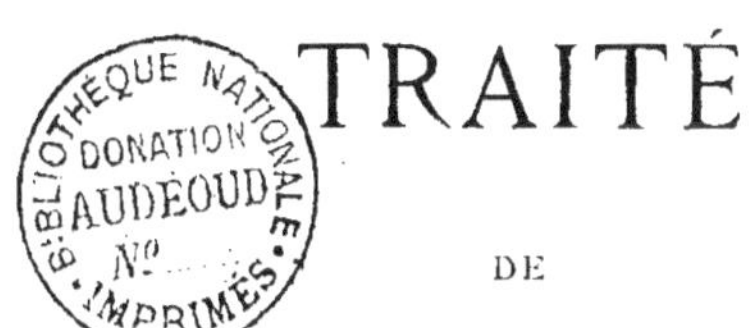

TRAITÉ

DE

LITHOGRAPHIE

ARTISTIQUE

ILLUSTRÉ PAR

MM. BUHOT, BERTRAND, P. DILLON, DULAC,
FANTIN-LATOUR, FAUCHON, FUCHS, C. LEFÈVRE, LUNOIS, MAUROU,
PIRODON, VOGEL.

Paris, le 26 Mai 1893.

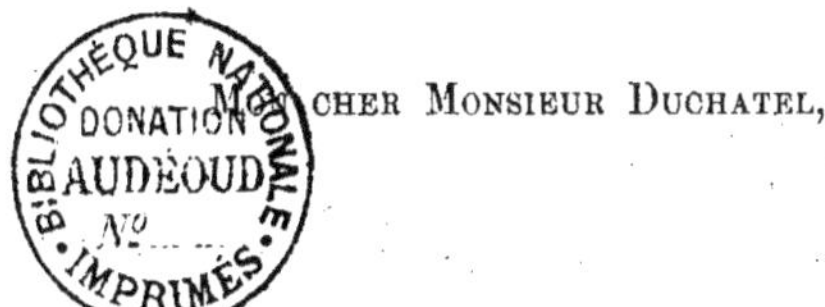

Mon cher Monsieur Duchatel,

Vous m'avez confié le soin de présenter aux artistes et aux curieux qui assistent avec intérêt au renouveau de l'art lithographique votre excellent livre si simple, si clair et si précis, digne d'être consulté par tous les adeptes actuels et futurs de la lithographie, je dirai mieux digne d'être lu avec profit par les lithographes eux-mêmes.

Je vous remercie d'abord de l'honneur que vous m'avez fait ce que je dois sans doute, en dehors des raisons de sympathie personnelle auxquelles je demeure très sensible, au seul mérite d'avoir voulu prêcher avec vous que la lithographie n'est point, comme on l'a cru si longtemps, une branche spéciale de la gravure, mais une manifestation pure et simple de l'art du dessin.

Comme on peut le voir, en effet, à chaque page de votre livre, tout ce qu'on appelle la « Cuisine lithographique », tout cet ensemble de petits *trucs :* le crachis, le frottis, les grattages, les gouachages et, toutes les *ficelles* du métier que vous expliquez si nettement en quelques excellents tableaux démonstratifs, tout cela ne suffit point pour permettre à la lithographie de constituer un procédé à part. Ce sont à peine des recettes commodes dont on peut tirer un parti heureux par un usage extrêmement sobre ; c'est surtout, au fond, un élément de curiosité destiné à amuser les amateurs pendant les premiers essais, mais dont l'emploi exagéré stériliserait de nouveau la lithographie au bout d'un temps très limité.

Il faut envisager cet art d'une façon plus saine et plus conforme à son caractère et à sa tradition. C'est en effet, par l'excès du métier et de la routine, par l'abus des formules et du procédé que la lithographie, jadis si fraîchement épanouie dans sa floraison originale au milieu des maîtres dont vous évoquez le glorieux souvenir dans votre introduction, est tombée bientôt dans une rapide et profonde décadence.

Épuisée, lassée, elle s'était maintenue depuis en se fixant exclusivement entre les mains d'une catégorie d'artistes qui l'ont empêché de sombrer tout à fait par leur habileté ou leur talent, mais elle avait perdu son caractère de généralité et d'originalité en s'asservissant presque entièrement à la reproduction.

Cette tentation d'affranchissement que nous avons essayée de notre côté, non point le premier certes, mais du moins en groupant toutes les bonnes volontés et en en attirant chaque jour de nouvelles, vous l'avez entreprise vous aussi, d'une façon plus modeste, mais plus efficace au cours de vos travaux quotidiens. Vos conseils fixés ici, auxquels tant d'amis distingués sont venus joindre d'excellents exemples, à côté de ceux si intelligents que vous avez présentés vous-même, contribueront à propager rapidement la bonne parole. Je suis sûr qu'ils seront lus et je désire qu'ils soient bien retenus.

Je ne désespère donc point que grâce à eux la lithographie enfin affranchie, régénérée et généralisée, ne bénéficie de l'apport que lui feront de leur talent varié et de leur originalité devant la pierre, les maîtres de tous les arts, peintres, statuaires, graveurs, etc..., qui trouveront en elle un moyen facile de conserver et de multiplier leurs recherches ou leurs improvisations et aussi quelquefois l'occasion de reproduire eux-mêmes leurs ouvrages, sans passer désormais par la traduction plus ou moins fidèle des interprètes étrangers.

Le travail sur le papier de report, que vous préconisez avec raison, offrira, dans ce cas, des facilités merveilleuses et servira à acclimater les artistes avec cette idée que la lithographie n'est qu'un dessin qui a la bonne fortune de pouvoir se reproduire à un nombre indéfini d'exemplaires. C'est cette pensée qui doit servir de mot d'ordre, pour le relèvement définitif de cet art déjà réveillé, mais qui veut reprendre dans l'histoire le rang que lui avaient donné les maîtres de la grande époque.

Croyez, mon cher Monsieur Duchatel, à mes sentiments tout dévoués.

Léonce Bénédite

INTRODUCTION

L'art de la lithographie, dont l'origine remonte à près d'un siècle, a été dès son début illustré par une très nombreuse pléiade d'incomparables artistes dont les œuvres, presque introuvables aujourd'hui, excitent encore l'admiration de tous.

Pendant un grand nombre d'années, cette branche de l'art si éminemment française a interprété presque toutes les productions des célébrités contemporaines.

Les admirables compositions de Delacroix, Gustave Doré, les inimitables caricatures des Daumier et des Gavarni; les scènes militaires si magistralement traitées par Charlet, Raffet; les inoubliables portraits des Devéria, Grevedon, Léon Noël; les puissantes et belles lithographies des Mouilleron, Célestin Nanteuil, Émile Lassale, Barry, Paul Huet, Jules Dupré et les œuvres de tant d'autres artistes dont les noms nous échappent ont laissé d'impérissables souvenirs, et il est profondément regrettable que si peu de jeunes artistes aient suivi la route tracée par de si illustres devanciers.

Pourquoi cette accalmie subie par la lithographie depuis une trentaine d'années?

La cause de cette sorte de défaveur nous échappe, et nous sommes heureux de constater que depuis quelques années il se produit un retour vers cet art, si longtemps et si injustement délaissé.

La lithographie se réveille enfin de sa léthargie, et nous devons constater ici que c'est à la Société des Artistes lithographes français que nous devons ce mouvement en faveur de cet art si primesautier.

Cette Société a été fondée en 1884, grâce à l'énergique persévérance de quelques fervents et à l'initiative dévouée de Paul Maurou. En 1890, l'exposition de Blanc et Noir fut pour la lithographie un véritable triomphe; la Presse, du 2 au 10 octobre, a été unanime dans ses louanges pour les œuvres exposées par MM. Fantin-Latour, Bellanger, Sirouy, Chauvel, John Lewis-Brown, Lunois, Maurou, Mesplès, Jacott, etc., et le magnifique diplôme dû au talent artistique si personnel de Jules Chéret.

Il y a deux ans, exposition générale rétrospective et contemporaine à l'École des Beaux-Arts, puis exposition spéciale des œuvres de Raffet.

L'éditeur Decaux a fait illustrer en lithographie plusieurs volumes intitulés la *Vieille France*, dont les dessins sont dus au spirituel crayon de Robida.

Charles Grandmougin, l'auteur des *Chansons du Village*, vient de publier une œuvre, l'*Enfant Jésus*, dont les illustrations sont signées de MM. Auguste Flameng, Trochler, Wencker, Dagnan, Fantin-Latour, Lobrichon, Aublet et Courtois.

L'éditeur Conquet a publié pour 1892 un calendrier illustré de treize planches ravissantes du peintre Dillon, et cette année il en met en vente un nouveau qui ne le cède en rien au précédent.

Willette vient de déployer sa verve habituelle, et montrer une fois de plus son talent si personnel dans ses illustrations des chansons de nos poètes les plus en vogue.

MM. Bénédite, conservateur du musée du Luxembourg, Dillon, peintre et Alboize, directeur du journal l'*Artiste*, commencent la publication d'un album intitulé les *Peintres lithographes*, les deux premières livraisons sont en vente et la troisième est sous presse. Les auteurs ont eu l'heureuse inspiration de grouper autour d'eux un certain nombre d'artistes d'un incontestable mérite, et nous espérons que la collaboration de talents comme ceux de MM. Bracquemond, Eugène Carrière, Jules Chéret, Desboutin, Dillon, Dinet, Fantin-Latour, Français, Geoffroy, R.-P. Huet, Frédérique Jacque, Aman Jean, G. Jeanniot, Jean-Paul Laurens, Lepère, Paul Leroy, Lunois, Henri Martin, Maurou, Maurin, Marius Perret, Pointelin, D. Puech, Puvis de Chavannes, Rodin, Roty, F. Thaulow, Whistler, Willette, Yon, Dubois-Menant, etc., assurera à cette publication le succès qu'elle mérite. Enfin, au Salon de 1892, la médaille d'honneur de la section de gravure a été pour la première fois attribuée à un lithographe, M. Paul Maurou, au succès de qui nous sommes heureux d'applaudir.

Après l'avoir un moment délaissée, les artistes reviennent à la lithographie, les peintres, les dessinateurs, les aquafortistes eux-mêmes commencent à s'y adonner. Le moment me paraît donc bien choisi, pour exposer simplement mais aussi clairement que possible, les observations que j'ai pu recueillir dans l'exercice de ma profession, sur l'emploi des divers procédés connus et actuellement en usage.

Les manuels de lithographie sont nombreux, mais aucun n'est tout à fait au courant des méthodes nouvelles, aucun surtout n'est conçu dans un esprit pratique et rédigé pour l'usage de ceux qui, sachant dessiner, ne demandent pas à ces manuels de les renseigner sur la construction d'une presse ou la fabrication des crayons, mais de leur faire connaître les moyens d'obtenir à volonté avec les produits lithographiques, toute la palette des tons, depuis les noirs les plus intenses jusqu'aux teintes les plus légères.

C'est cette lacune que je me suis efforcé de combler, aussi ai-je fait de mon mieux pour expliquer le plus clairement possible chaque manière de procéder pour dessiner sur pierre directement, puis sur papier bristol-chine à grains, papier végétal transparent et papier viennois.

Mes explications sont accompagnées d'exemples dessinés par moi et n'ayant d'autre prétention que celle de faire voir à l'artiste le parti qu'il peut tirer des différents numéros de crayons, de la tablette, de la poudre de crayon, de l'encre, de la brosse, de l'estompe, etc., pour opérer soit directement sur pierre, soit sur les différents papiers lithographiques au moyen desquels on peut reporter sur pierre et imprimer ensuite, sans rien leur faire perdre de leurs qualités, les dessins qu'on y a exécutés.

On trouvera à la suite de ces planches explicatives des lithographies, pour lesquelles plusieurs artistes ont bien voulu me prêter leur gracieux concours, chacune de ces planches est obtenue par un procédé différent.

L'artiste pourra se rendre compte par la lecture de ce modeste opuscule, qu'il n'est nullement besoin d'une éducation spéciale pour faire de la lithographie, qu'il lui est facile de réaliser son œuvre avec toute la hardiesse possible, sans avoir à redouter le moindre imprévu ; tout viendra à l'impression au ton voulu par lui, sans diminution aucune des tons vigoureux, sans augmentation des teintes légères; il aura de plus la facilité de corriger à sa guise, la pierre se prêtant à toutes espèces de corrections.

M'occupant d'impressions depuis vingt-deux ans dans les ateliers artistiques de la maison Lemercier, et depuis plusieurs années, spécialement chargé des essais, je suis journellement appelé à donner aux artistes, je ne dirai pas des conseils, mais des renseignements; ce sont ces renseignements que j'ai classés et que j'offre aujourd'hui au public que ces questions intéressent.

Si, comme je l'espère, ce modeste petit traité peut être de quelque utilité au dessinateur, et servir à ce mouvement que M. Hamel, directeur de la *Revue des Beaux-Arts*, appelle si justement la Renaissance de l'art lithographique, je me trouverai largement récompensé de mes efforts et j'aurai réalisé mes plus chères espérances.

E. Duchatel.

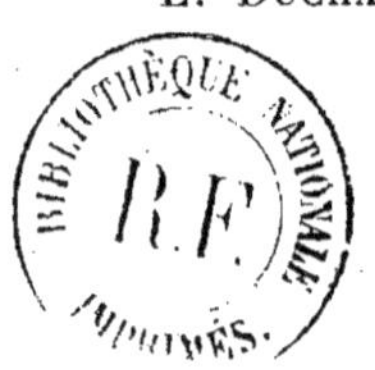

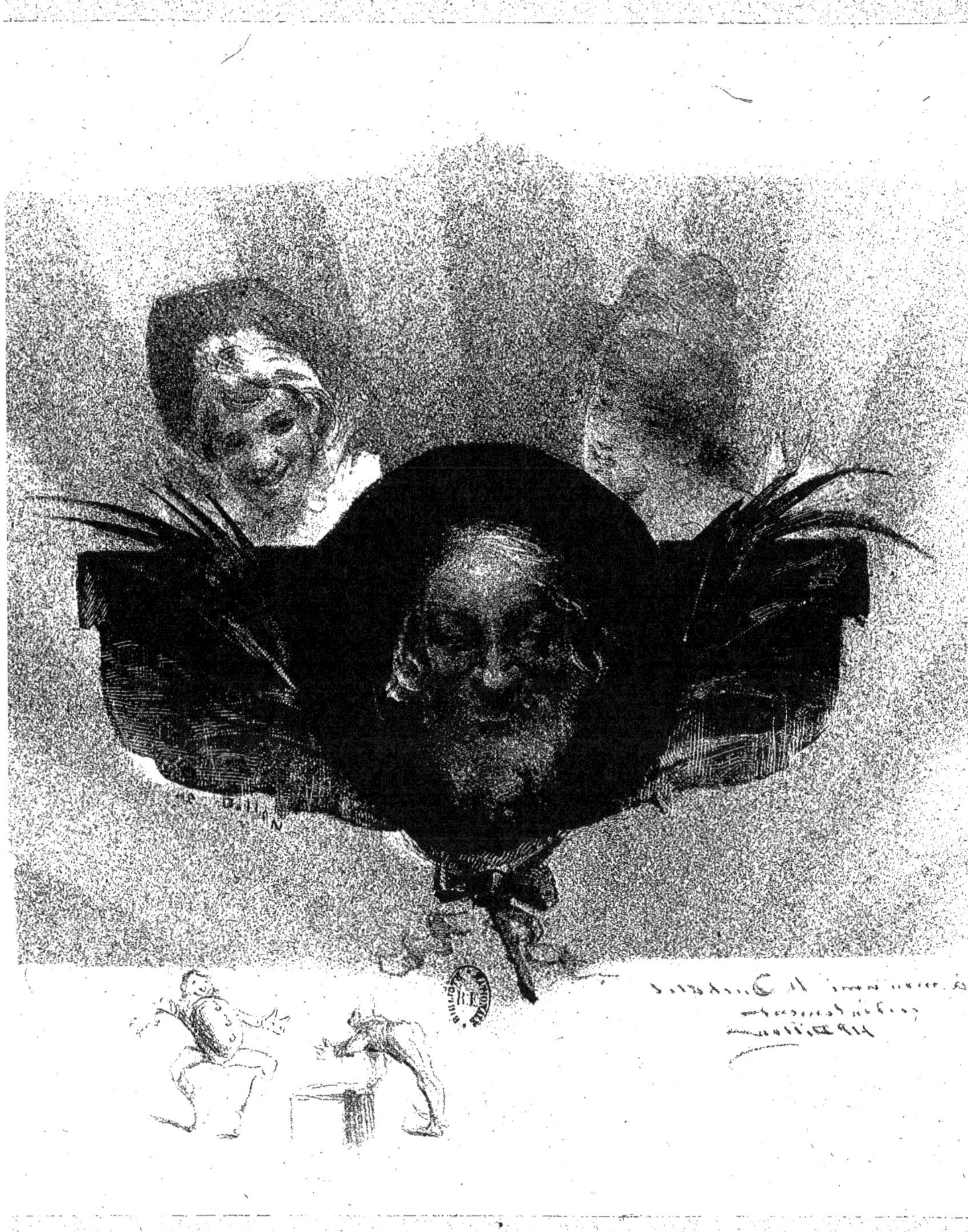

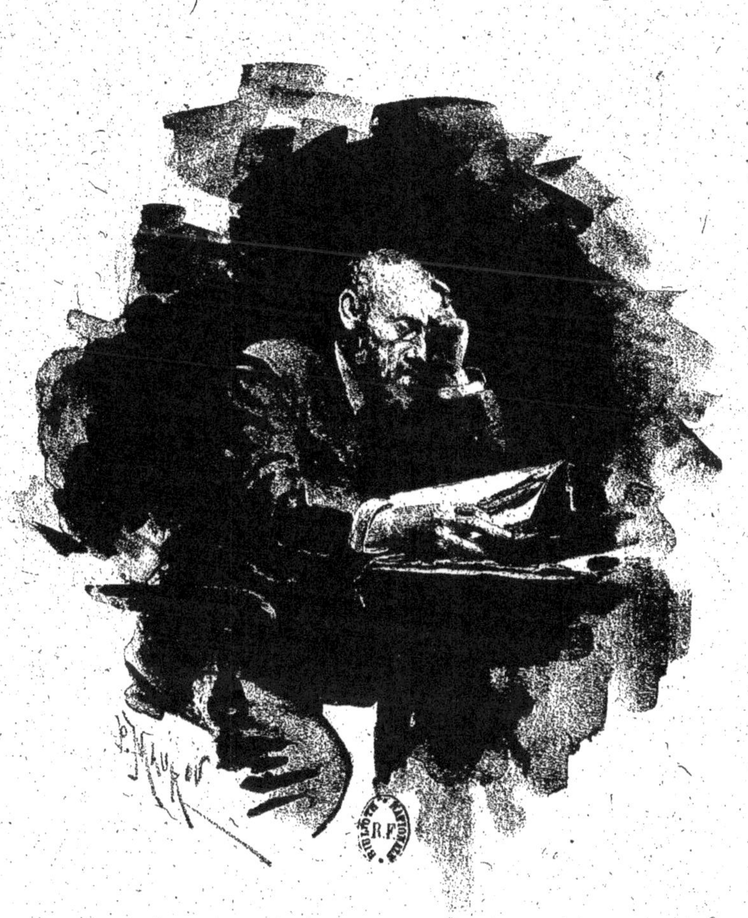

à mon ami Duchâtel

P. Mauron

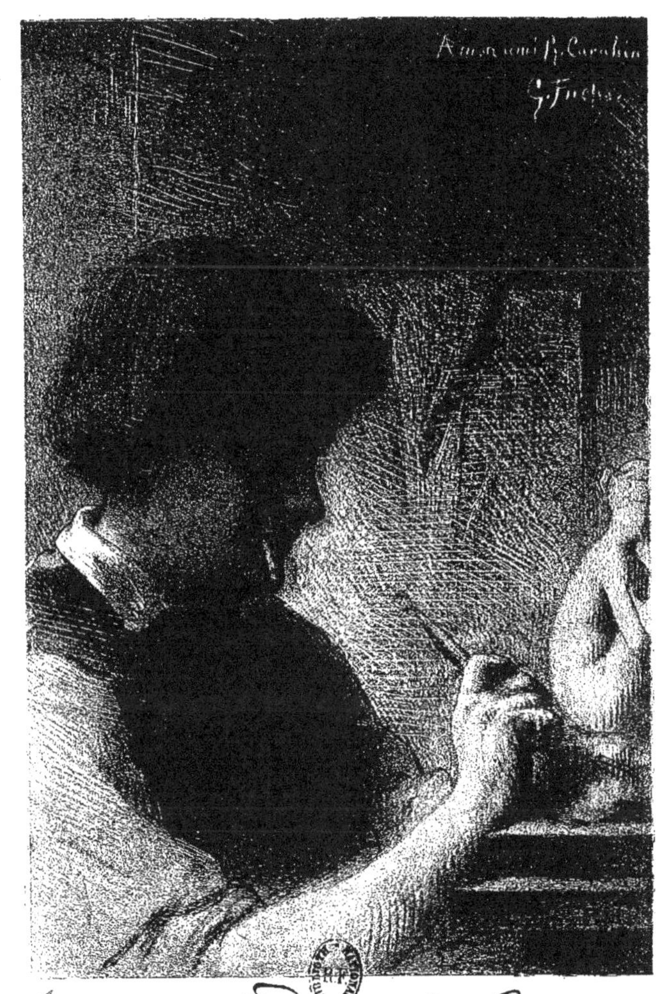

A mon ami Duchâtel G. Fuchs

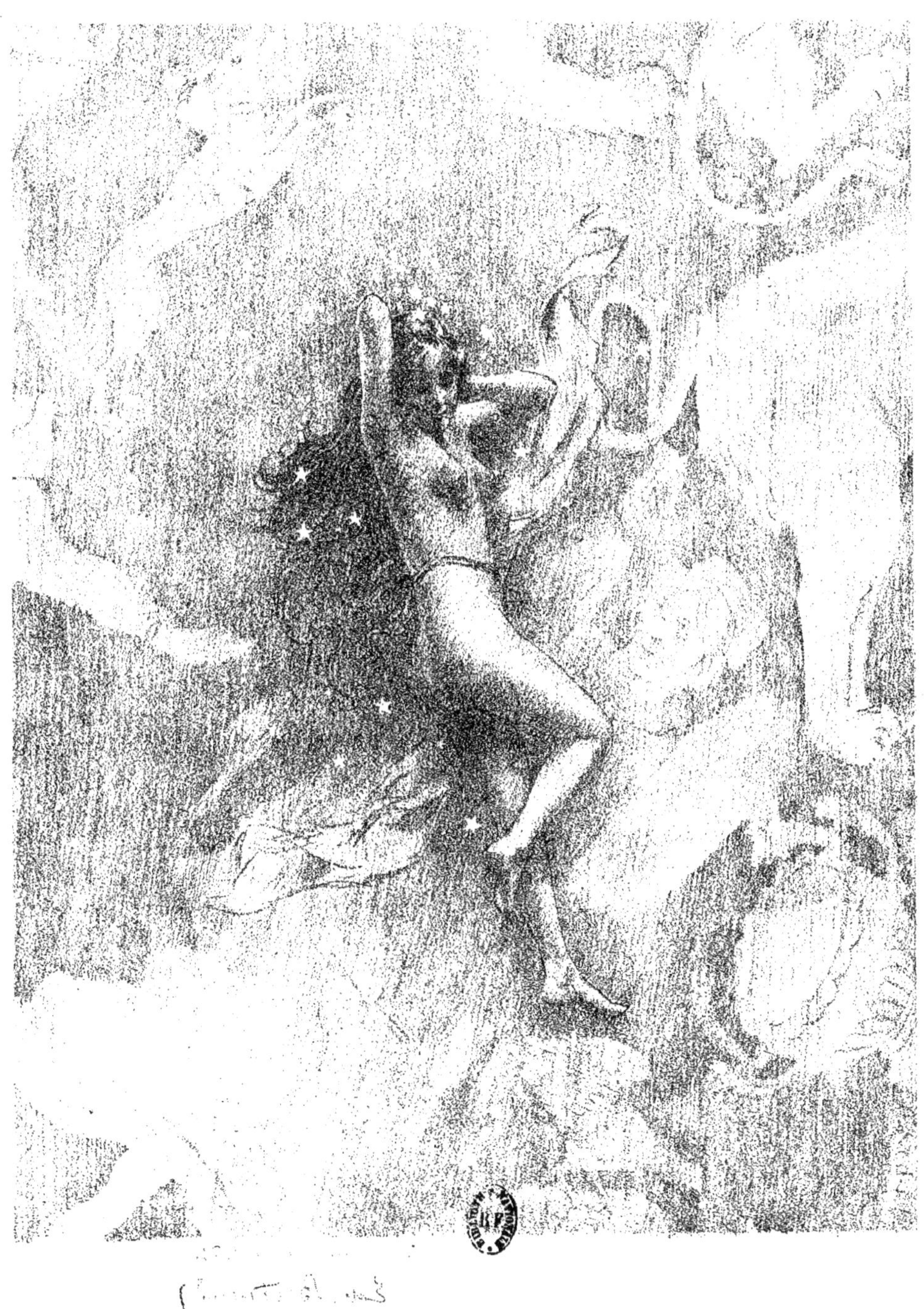

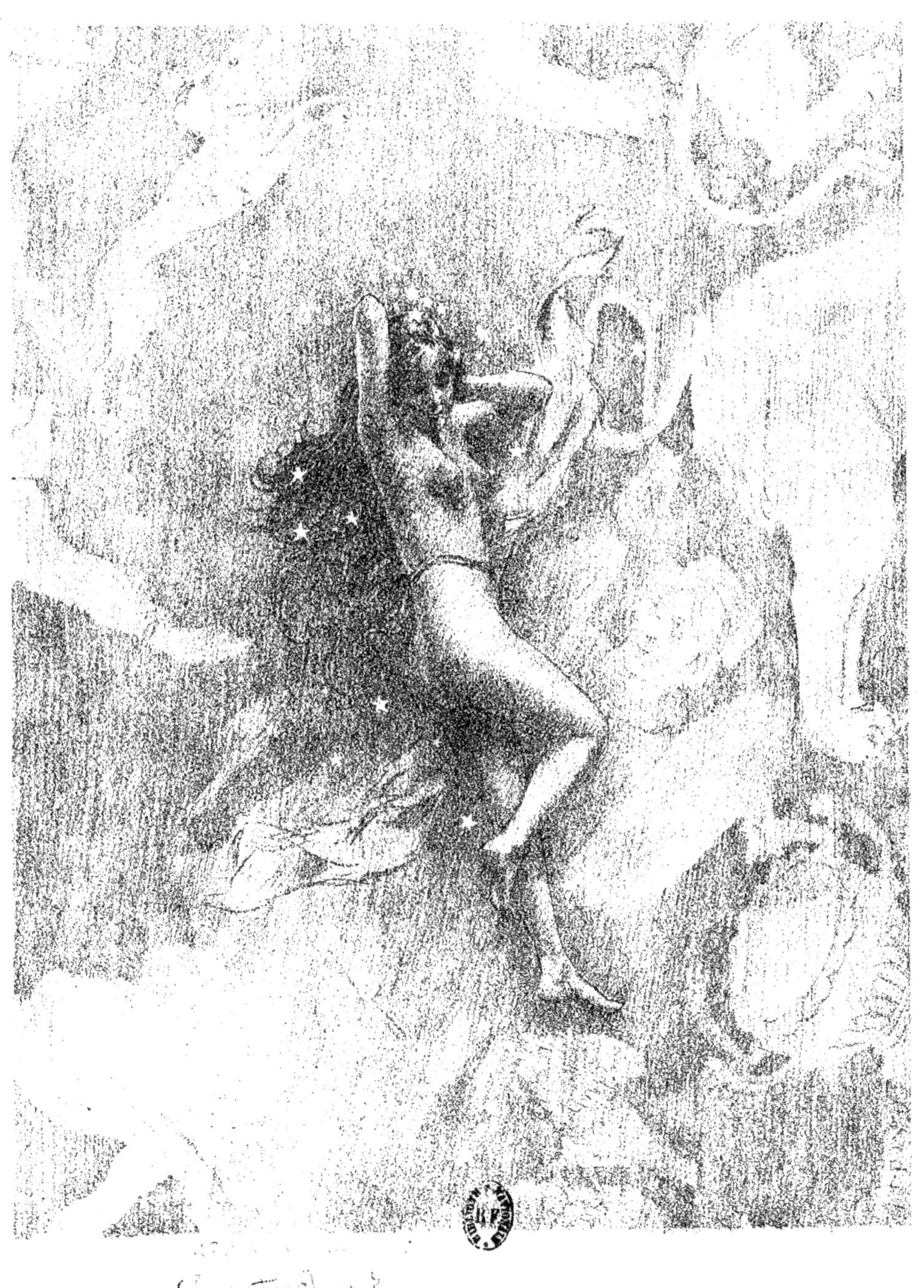

PREMIÈRE PARTIE

Lithographie directement sur pierre.

Les lithographies artistiques qui m'ont été offertes gracieusement par MM. Dillon, P. Maurou, Fuchs, Bertrand, et les trois planches d'exemples faites par moi qui forment la première partie de cette petite brochure, plus celle en couleurs qui représente le genre affiche, sont faites directement sur pierre; elles sont venues à l'impression telles qu'elles avaient été faites, c'est-à-dire sans aucune espèce de retouche.

Outre les applications les plus simples des produits lithographiques, elles renferment dans leur ensemble à peu près toutes les petites ficelles du métier qui peuvent être employées en lithographie et dont l'exécution sur pierre n'offre pas au dessinateur plus de difficultés qu'il n'en rencontre habituellement en travaillant sur papier.

Les différents moyens de se servir des produits lithographiques, la manière de les employer pour en obtenir certains effets, obtenus dans plusieurs des exemples qui vont suivre, ont leur explication détaillée le plus clairement possible à la suite de chaque planche.

Par ces moyens si simples à exécuter, il sera facile de se rendre compte des résultats que l'on peut en obtenir quand ils seront mis en pratique par des artistes qui, sans s'occuper du côté métier de la lithographie, traiteront leur œuvre sur la pierre avec toute la liberté voulue, aussi franchement qu'ils le font ordinairement sur n'importe quelle feuille de papier à dessin, avec l'avantage en plus de pouvoir y ajouter un travail de grattoir et au besoin reprendre un dessin sur la pierre après en avoir vu un premier état.

SOINS A PRENDRE

Pour dessiner directement sur pierre.

Je prie l'artiste, avant de commencer son dessin sur pierre, de bien prendre note des soins qui suivent, afin que l'impression de sa planche se fasse dans de bonnes conditions et pour prévenir, autant que possible, les variations qui pourraient se produire au tirage des épreuves.

1° Pour recevoir le crayon lithographique, la pierre doit avoir un grain à sa surface; ce grain doit être autant que possible fin et piquant; la pierre sera donc commandée telle à l'imprimerie, en ayant soin de bien prendre ses mesures pour que sa dimension permette de laisser autour du dessin 4 ou 5 centimètres de marge au minimum; cette marge est de toute nécessité pour l'imprimeur, qui, sans cela, ne pourrait facilement encrer la planche en tous sens, ce qui est une condition nécessaire pour le tirage de bonnes épreuves.

2° Avoir soin en dessinant de mettre sous sa main un morceau de flanelle ou de lainage assez épais pour éviter qu'elle ne frotte le travail ou que sa chaleur ne fasse sortir sous le crayon l'humidité que la pierre renferme presque toujours; cela peut amener dans certains endroits à l'impression des tons trop lourds.

3° Ne pas exposer sa pierre à la chaleur ni au soleil, car, sous l'action de l'une ou de l'autre, le crayon se ramollit et entre trop dans ses pores et par ce fait le travail vient lourd et manque de transparence, les demi-teintes viennent beaucoup trop fortes.

Avoir aussi bien soin de couvrir sa pierre lorsque l'on cesse d'y travailler, car le crayon lithographique étant gras, la poussière s'y attache très facilement et cela peut nuire au travail qui vient ensuite.

4° Pour faire l'esquisse d'un dessin sur la pierre, ne pas se servir de crayons gras; ainsi que pour faire un calque, ne jamais employer de papier gras, car les traits, aussi légers qu'ils soient, viendraient à l'impression.

Comme crayon maigre, on emploie ordinairement pour esquisser la sanguine en pierre, et pour calquer, on en frotte une feuille de papier.

5° Si l'on désire modifier une partie de son dessin, ne pas se servir du grattoir qui abîme le grain de la pierre et empêche tout retour de travail avec le crayon. Il faut pour enlever de la pierre le crayon lithographique imbiber de benzine Collas un torchon en toile bien propre, puis frotter très fort la partie voulue et recommencer plusieurs fois l'opération en changeant le linge de côté jusqu'à ce qu'il ne reste plus rien sur la pierre; après cette opération, s'il persiste une petite teinte sur la pierre, on peut sans crainte continuer à travailler, elle ne viendra pas au tirage des épreuves, car elle disparaît à l'acidulation.

6° L'artiste ayant vu ses épreuves et ne trouvant pas son travail au point, peut, s'il le désire, faire toutes les retouches qu'il juge nécessaires; l'imprimeur, avec une encre spéciale que nous appelons encre de retouche, met la pierre en état de recevoir toutes les modifications nécessaires. Cet immense avantage donne à l'artiste la facilité de pouvoir reprendre son travail à plusieurs reprises, d'en suivre les états progressifs en apportant toute la minutie de détails indispensable à la perfection de son œuvre.

7° Il est utile de se munir de pointes sèches; elles servent en piquant droit sur la pierre à atténuer un ton ou un trait, sans pour cela abîmer le grain de la pierre; elles servent aussi à enlever les petites taches de crayon sur le dessin et tous les accidents qui peuvent se produire, soit en faisant du travail à la brosse, soit en se servant de la plaque; les aspérités de la pierre retiennent en effet presque toujours des pellicules trop grosses détachées de cette plaque; ces pellicules ne peuvent guère être enlevées que par la pointe sèche.

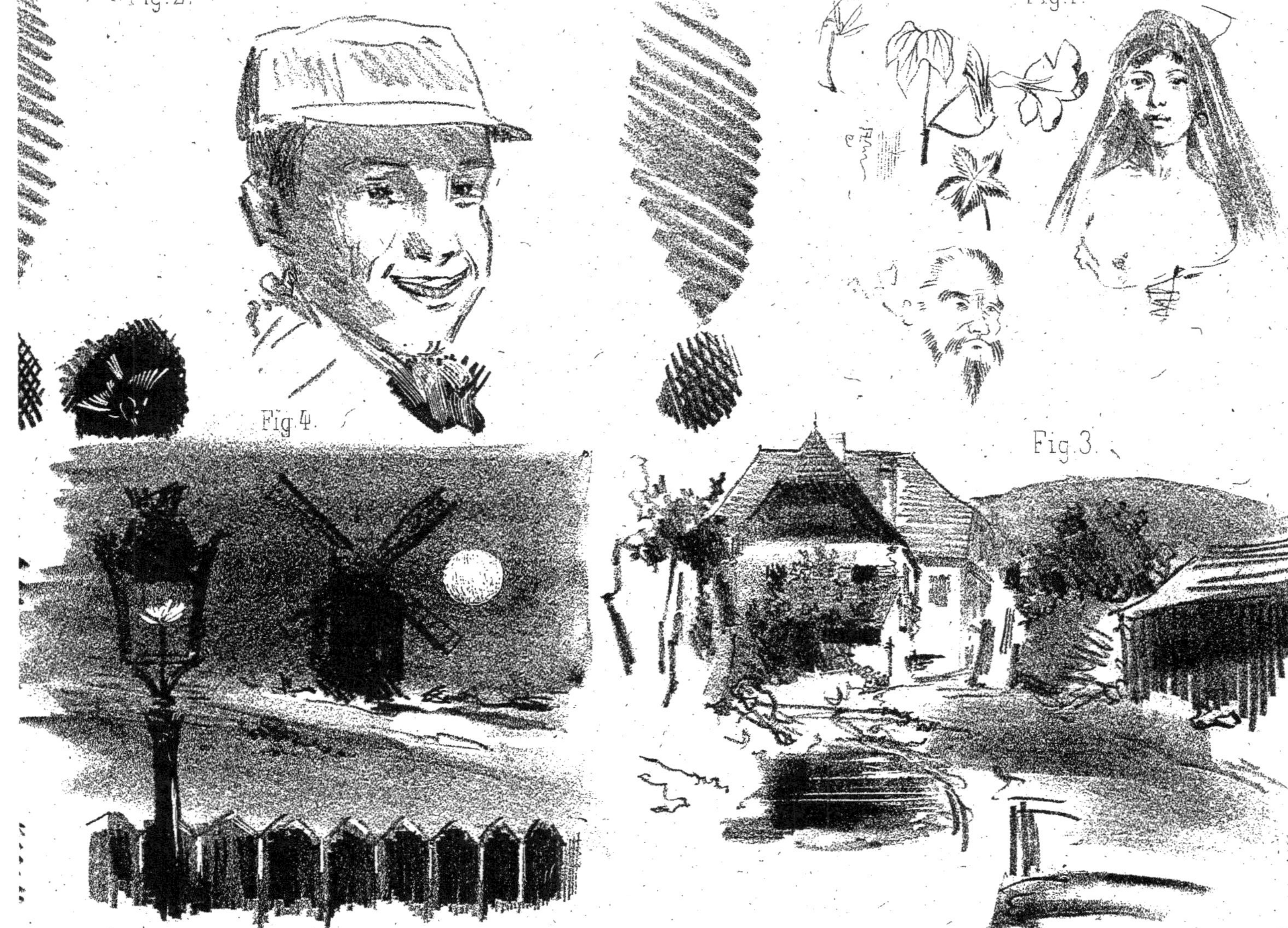

Fig. 4.

Fig. 3.

Planche I

Dessinée directement sur pierre.

Figure I

Le travail de cette figure est fait avec du crayon Copal; c'est le plus ferme; on ne s'en sert généralement que pour des dessins qui doivent être très finement faits, tels que les ouvrages de science; le travail fait avec ce crayon est un peu sec, mais vient bien à l'impression, à la condition toutefois qu'il soit employé seul; j'entends par là qu'aucun autre crayon ne lui soit adjoint, car il ne supporte qu'une très faible acidulation et cette acidulation n'est le plus souvent pas assez forte pour la partie du travail qui serait faite avec les autres crayons. En raison de cela, quand un dessin est fait avec ce crayon, il est prudent d'en prévenir l'imprimeur, afin qu'il prenne ses précautions pour éviter tout accident en acidulant la pierre.

Figure II

Cette figure est dessinée avec du crayon n° 1; il est un peu plus tendre que le Copal et dans un dessin il le supplée avantageusement : il est plus gras et plus souple, et il supporte très bien, sans que cela nuise au travail, la force d'acidulation nécessaire à celui plus corsé des autres numéros de crayons; il peut donc être employé sans crainte dans un dessin avec ces derniers.

Figure III

Celle-ci est faite avec du crayon n° 2; c'est celui dont on sert le plus souvent. Comme fermeté, il tient la moyenne entre le n° 1 et le n° 3; on peut s'en servir pour faire n'importe quel genre de travail; on en obtient des noirs très puissants ainsi que des demi-teintes les plus douces, l'un et l'autre très solides à l'impression et très transparents.

Pour faire un ton comme celui qui couvre le terrain et que nous appelons frottis de crayon, on aplatit un morceau de crayon sur sa longueur, soit du 1, du 2 ou du 3, selon l'intensité de valeur que l'on désire obtenir; ceci fait, on le passe sur la pierre en frottant autant que possible toujours dans le même sens, c'est-à-dire de bas en haut ou de droite à gauche, afin d'éviter qu'à l'arrêt du crayon sur la pierre, il ne se forme une barre qui nécessite pour la faire disparaître un assez long travail de pointe sèche. On peut aussi obtenir un travail analogue à ce frottis de crayon en en cassant une petite rondelle que l'on pose sous son doigt; en la passant sur la pierre très légèrement, on obtient très facilement un ton que nous appelons travail de pastille.

Pour couvrir de ce genre de travail une grande surface, on se sert de la plaque, qui remplit le même but avec beaucoup plus de facilité et de rapidité. La manière de s'en servir est expliquée à la suite de la planche III, figure I, dont une partie est faite par ce moyen.

FIGURE IV

Cette dernière figure est entièrement rendue avec du crayon n° 3, un frottis de ce même crayon et quelques lumières enlevées au grattoir; il en sort un travail gras et souple quoique très transparent.

On peut obtenir de ce crayon des tons très veloutés et des noirs très corsés avec beaucoup de facilité.

C'est avec un morceau de ce crayon aplati sur sa longueur et passé sur la pierre avec les mêmes soins que ceux indiqués à la figure précédente, qu'a été fait le travail du ciel et du terrain.

Les blancs sont enlevés au grattoir; on utilise aussi ce dernier pour obtenir des demi-tons en grattant le crayon plus ou moins superficiellement sans attaquer le grain de la pierre; ce travail de demi-grattage dans une planche donne de très beaux résultats de souplesse et de transparence.

En résumé, le travail des exemples qui composent cette première planche est fait très simplement; ces exemples ont été traités chacun avec des numéros de crayons différents aussi franchement sur la pierre que s'ils avaient été faits sur une simple feuille de papier à dessin.

Les planches d'exemples 2 et 3 qui suivent sont plus importantes à étudier; comme façon de faire, elles renferment à peu près tout ce qu'il est convenu d'appeler en terme de métier la cuisine lithographique.

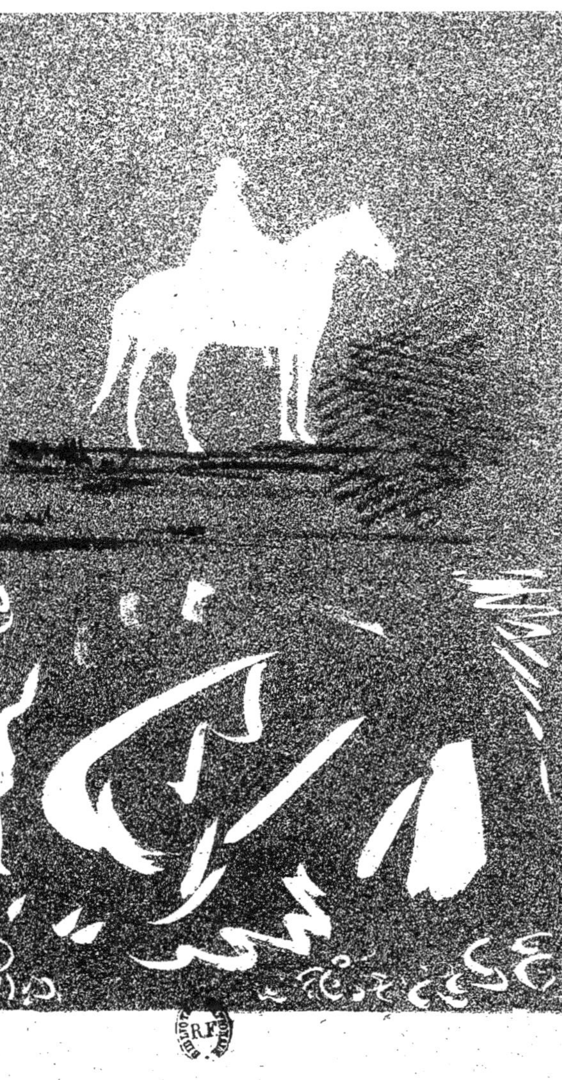

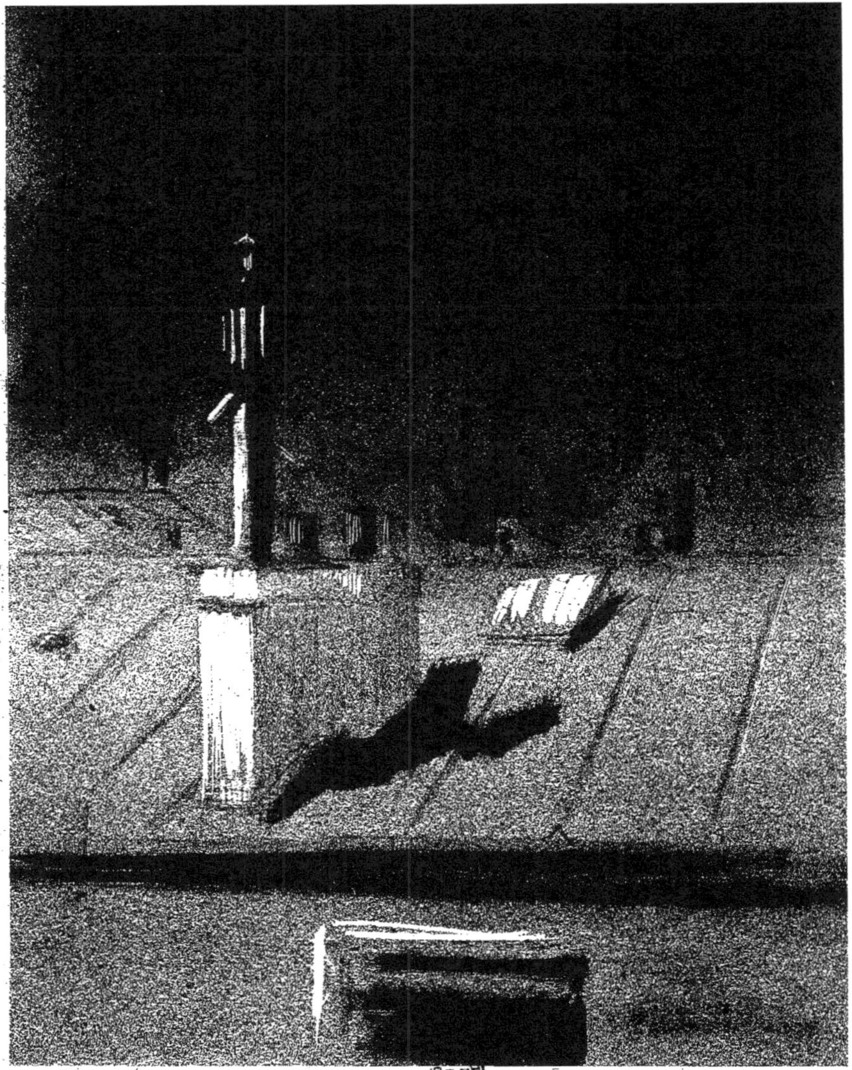

Sté des Impries LEMERCIER Paris

Planche II

Dessinée directement sur pierre.

Figure I

Le pointillé qui couvre cette figure est fait au moyen d'une pluie d'encre. On appelle ce genre d'exécution : travail à la brosse ou au crachis.

Cette pluie s'obtient en passant sur le coupant d'une lame de couteau les poils d'une brosse à dents ou à ongles bien imbibés d'encre lithographique, en ayant bien soin avant de s'en servir sur la pierre d'essuyer le crachis d'encre qui tombe de la brosse au-dessus d'une feuille de papier, afin d'en faire tomber le plus gros; plus les crins de la brosse sont courts et durs, plus le crachis tombe fin sur la pierre.

Les artistes qui se servent du travail à la brosse pour faire de l'affiche et qui, par conséquent, ont une grande surface à couvrir, remplacent la lame de couteau par un outil que nous appelons grille à crachis et qui a la forme d'une petite raquette carrée faite en fil de fer. Ils passent la brosse au milieu du quadrillé et la pluie d'encre s'obtient très facilement et surtout beaucoup plus rapidement.

Le moyen de procéder pour délayer de l'encre lithographique

est tout le contraire de celui employé pour l'encre de Chine; vous frottez votre bâton d'encre très fortement dans une soucoupe bien sèche, puis, quand elle en est bien garnie, vous trempez votre doigt dans de l'eau très propre et vous frottez en tournant sur la couche d'encre en recommençant plusieurs fois l'opération jusqu'à ce que l'encre soit entièrement dissoute.

Il est préférable de n'en faire qu'une petite quantité à la fois, car elle épaissit assez rapidement; c'est en la mettant dans un petit récipient en plomb, qu'on la conserve fraîche le plus longtemps.

Pour éviter, quand on fait du crachis, que la pluie d'encre ne tombe sur certaines parties du dessin que l'on désire conserver, on couvre ces dernières de découpages en papier que l'on enlève après coup (voir la partie blanche qui est au milieu de la figure).

Certaines parties délicates d'un dessin se refusent cependant à être couvertes de ces découpages; dans ce cas, on les garantit de la pluie d'encre avec de la gomme additionnée d'eau qu'on applique avec un pinceau aux endroits voulus, à la condition qu'elle soit bien fraîche, car en vieillissant elle s'acidule et cela peut nuire au crayon sur lequel on peut avoir besoin de la poser dans certains endroits du dessin.

On obtient de l'eau gommée en faisant dissoudre de la gomme arabique dans de l'eau jusqu'à ce qu'elle soit assez épaisse pour qu'on puisse s'en servir comme on se sert de la gouache; la gouache peut au besoin, quand on n'a pas de gomme sous la main, très bien remplir le même but.

Figure II

Pour faire un ton comme celui avec lequel est fait le ciel de cette figure, on frotte sur la pierre avec un morceau de flanelle sur lequel il y a du crayon lithographique, soit du 2, du 3 ou de l'estompe, suivant le ton plus ou moins corsé que l'on désire obtenir; celui-ci a été fait avec du n° 3. On appelle ce genre de travail : frottis de flanelle.

Pour mettre du crayon sur la flanelle et qu'il y adhère autant que possible assez également, on frotte le crayon sur une feuille de papier à grains jusqu'à ce qu'il y laisse une couche assez épaisse, puis vous prenez le morceau de flanelle que vous passez sur le crayon ainsi étalé et de là légèrement sur la pierre pour n'arriver à l'intensité du ton voulu que graduellement, afin d'obtenir le plus de transparence possible.

Les ombres, les noirs et les demi-tons du bas de cette figure sont estompés avec le tortillon et du crayon estompe.

Le crayon estompe s'emploie sur la pierre avec le tortillon de la même manière que le crayon Conté sauce sur le papier; il le remplace en lithographie; il est très tendre et s'écrase facilement avec le pouce, soit sur un morceau de papier, soit sur les marges de la pierre; on en prend ensuite avec un tortillon le plus dur possible pour estomper sur la pierre.

L'ensemble du dessin est fait avec du n° 3 et sur ce dessin il a été passé généralement un léger frottis de flanelle afin de garnir et envelopper la planche; les blancs ont été enlevés ensuite au grattoir.

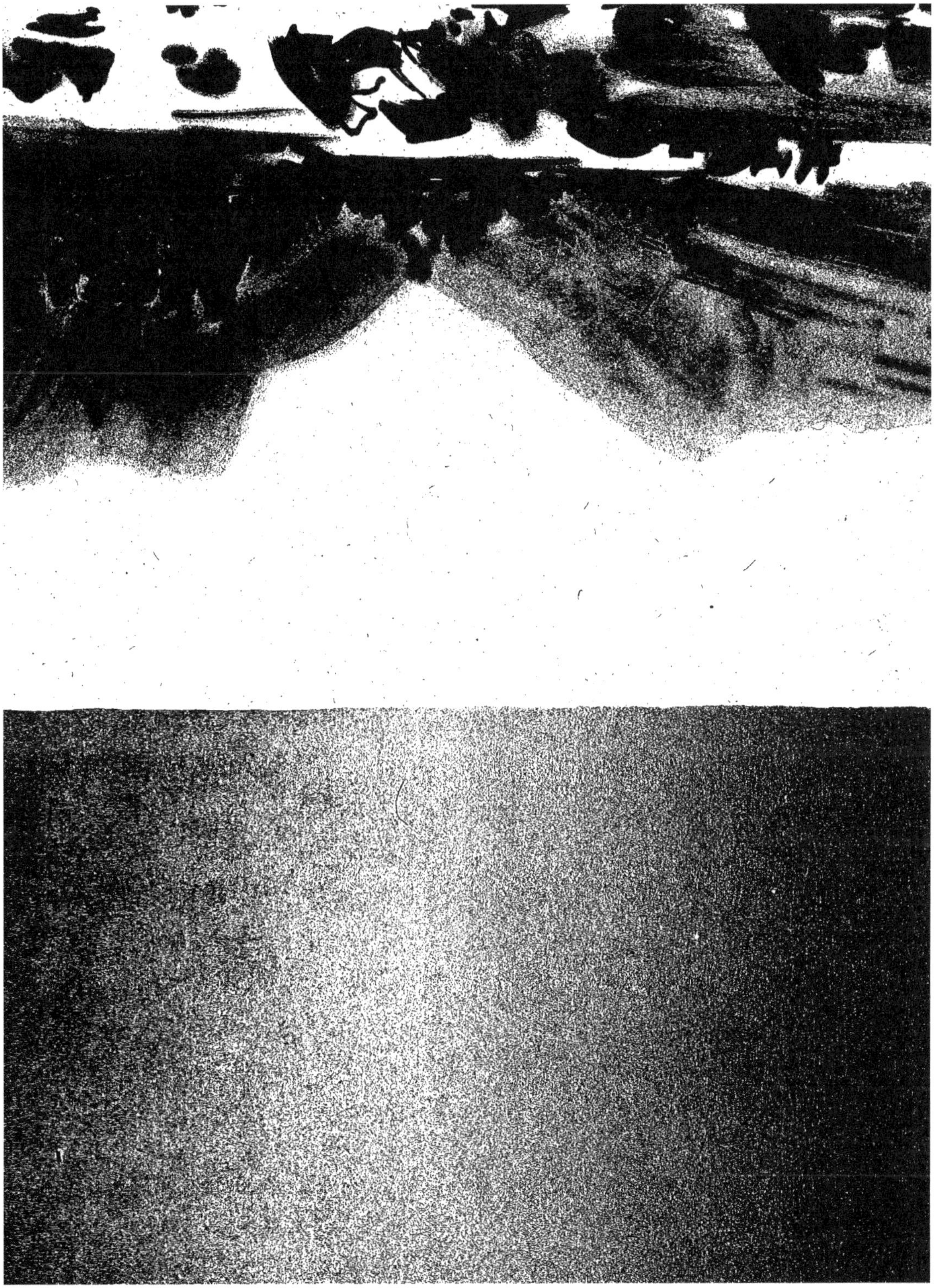

Planche III

Dessinée directement sur pierre.

Figure I

Cette figure représente deux tons en dégradés; celui du haut est fait avec de la poudre de crayon, celui du bas au moyen de la plaque.

Pour faire avec de la poudre de crayon un ton qui soit très solide à l'impression et qui, comme finesse et transparence, diffère du frottis de flanelle de la planche précédente, il faut procéder de la manière suivante :

Après avoir fait tiédir très légèrement sa pierre près du feu, on renverse dessus la poudre de crayon, et, avec un tampon de ouate très souple, on fait passer très doucement en tous sens la poudre sur la pierre, en ayant bien soin de n'arriver à l'intensité du ton voulu que graduellement, afin d'obtenir la transparence et la finesse qui sont les qualités essentielles de ce procédé.

On ne doit faire chauffer sa pierre que si l'on n'a encore fait dessus aucun travail, car la chaleur pourrait nuire au crayon et faire venir des tons lourds sur les épreuves.

Si vous désirez envelopper le travail déjà fait sur la pierre d'un ton de poudre, faites-le la pierre étant froide et remplacez le tampon de ouate par un blaireau; car en passant sur le travail, le tampon pourrait étaler le crayon et nuire à la planche, tandis qu'avec le blaireau et un peu plus de temps, vous obtiendrez un aussi bon résultat sans avoir à craindre cet inconvénient, et de même que pour le travail à la brosse, on préserve certaines parties du dessin du ton de poudre en les gommant légèrement avec un pinceau, sous condition, comme il a été dit précédemment, de ne plus avoir à revenir avec le crayon sur ces parties gommées, car le travail serait inutile et ne viendrait pas à l'impression.

Le ton en dégradé du bas de cette figure est fait au moyen de la plaque; cette plaque est tout simplement du crayon lithographique, fabriqué en forme de tablette, pour être plus en main et permettre à l'artiste de couvrir une plus grande surface de ce ton, appelé frottis de plaque, beaucoup plus facilement et plus rapidement qu'avec un morceau de crayon aplati sur sa longueur.

Pour qu'un ton fait avec la plaque vienne sur la pierre bien également, il faut, après en avoir aplati un des côtés sur les marges de la pierre ou sur toute autre surface bien plate, ne s'en servir qu'en frottant toujours dans le même sens, de façon qu'en frottant sur la pierre aucun endroit n'en soit épargné, ce qui demanderait, pour reprendre avec le crayon ces endroits faibles, un travail peu commode et assez long.

Les petites taches de crayon que les aspérités du grain de la pierre arrachent à la plaque s'enlèvent et se refondent à la pointe sèche quand parfois elles sont trop apparentes.

Figure II

C'est un essai au lavis traité au pinceau sur la pierre avec l'encre lithographique, comme un lavis sur papier avec l'encre de Chine.

Je dois, tout d'abord, prévenir le dessinateur que je ne suis pas très partisan de ce moyen pour celui qui commence à travailler sur la pierre, car voilà longtemps que l'on essaie d'en faire sans parvenir à en tirer un bon résultat.

Presque tous ceux qui en font ont eu le plus souvent de grosses déceptions; très peu de planches viennent du premier coup à l'impression, et beaucoup n'ont été sauvées qu'avec de sérieuses retouches faites par des artistes qui connaissent à fond toutes les ficelles de la lithographie.

Au tirage il y a aussi un inconvénient (peut-être pas au point de vue artistique, mais il faut tout prévoir), c'est de ne pouvoir tirer le plus souvent qu'un nombre très restreint d'exemplaires.

Pour faire un lavis sur pierre, il y a plusieurs moyens employés pour délayer l'encre.

1° Avec de l'eau distillée;

2° Avec de l'eau et du savon de Marseille;

3° Avec de l'essence de térébenthine.

4° Avec de l'essence de térébenthine et quelques gouttes d'essence de lavande bien blanche et bien épurée.

Aucun artiste n'est du même avis à ce sujet; c'est avec l'essence de térébenthine et quelques gouttes d'essence de lavande bien blanche et bien épurée que l'on obtient, à mon simple avis, le meilleur résultat; l'encre ainsi faite offre plus de résistance à l'acidulation, ce qui est un point capital, et à mesure que l'on travaille, elle sèche plus rapidement que celle délayée avec de l'eau et elle borde beaucoup moins, inconvénient dont il faut aussi bien se méfier.

Votre encre faite, vous disposez plusieurs godets dans lesquels vous en mettez à de différentes valeurs, c'est-à-dire avec plus ou moins d'essence, afin d'arriver avec la touche d'encre au ton voulu sur la pierre autant que possible du premier coup, car il arrive qu'un ton diminué par un lavage à l'essence vient le plus souvent noir à l'impression.

Il arrive aussi quelquefois tout le contraire sans que l'on s'explique pourquoi, c'est-à-dire que certaines touches d'encre viennent bien au-dessous du ton où elles sont faites.

En général, ce procédé est plein de surprises et d'imprévus; il est donc nécessaire pour ce genre de travail plus que pour tout autre, que l'artiste assiste au tirage des épreuves d'essai, afin que sur ses conseils l'imprimeur puisse faire sur la pierre, à mesure qu'il tire des épreuves, toutes les modifications jugées nécessaires, soit diminuer avec un pinceau et de l'eau gommée acidulée les parties qui viennent trop fortes, soit faire monter celles qui ne viennent pas au ton voulu.

Il y a donc, en plus des précautions que l'artiste doit prendre pour faire un dessin au lavis, toute une cuisine qui compte pour beaucoup à la mise en train de la planche, et cette cuisine ne peut être faite dans les conditions voulues que par un imprimeur connaissant à fond son métier et ayant en même temps une grande habitude de ce genre de travail.

en quatre impressions.

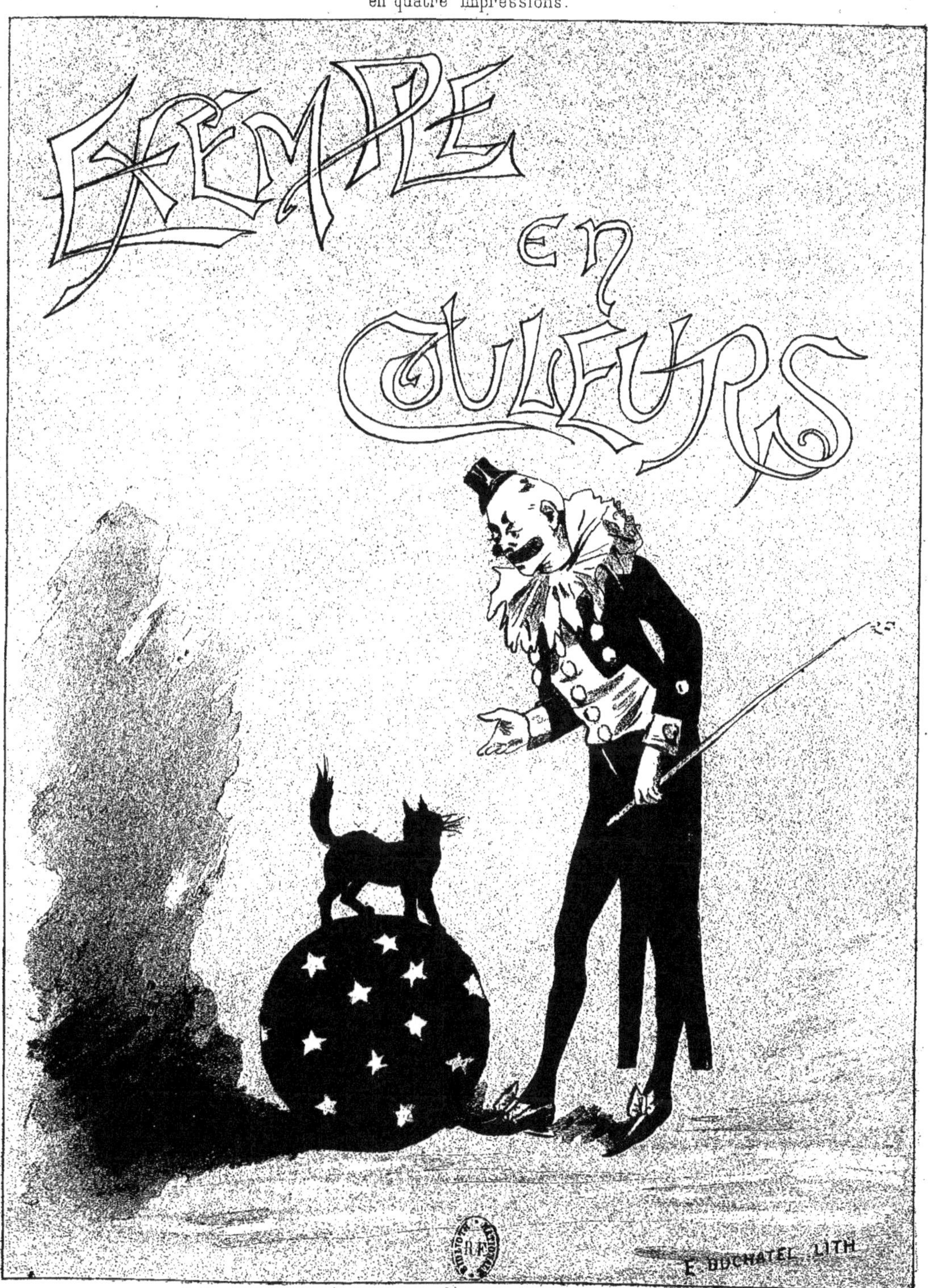

Planche IV

En quatre impressions (genre affiche).

Cette planche est la reproduction en quatre impressions d'une aquarelle traitée en pochade; elle ne donne qu'une faible idée de ce que l'on peut obtenir de la lithographie en couleurs dont les moyens sont trop nombreux et trop compliqués pour qu'il soit possible d'en donner ici les explications complètes.

Cette planche n'a été faite et traitée aussi simplement qu'en vue de servir d'exemples aux artistes, afin qu'ils puissent se rendre compte de la façon dont en lithographie on traite ordinairement les affiches artistiques, aussi bien pour le genre de travail avec lequel elles sont composées que par le nombre très restreint de couleurs qu'elles renferment qui ne se compose en général comme celle-ci que :

1° d'un jaune,
2° d'un rouge,
3° d'un bleu,
4° d'un noir.

Chaque couleur est imprimée séparément dans l'ordre suivant : 1° le jaune; 2° le rouge; 3° le bleu; 4° le noir; donc autant de couleurs autant de pierres. Toutes ces couleurs, au moyen de points de repère viennent tomber à l'impression les unes à côté des autres et dans certains endroits les unes sur les autres; afin d'obtenir par ce moyen une combinaison de tons en plus des trois ou quatre tons employés, sans pour cela augmenter le nombre de pierres, soit en faisant tomber du rouge sur le jaune ou du bleu sur le jaune ou sur le rouge, etc.

Il est facile de voir sur chaque pierre la place où on désire mettre du travail, car sur chacune d'elles il existe un décalque en rouge de votre dessin ou d'un trait fait spécialement comme celui dont il est donné un exemple à la planche V qui va suivre.

Pour la reproduction en couleurs d'une affiche ou d'une pochade, comme celle-ci, dont les combinaisons de tons ne sont en principe pas très compliquées, on peut se servir pour faire les faux décalques du dessin principal qui ordinairement est celui qui doit être imprimé en noir et qui vient en dernière impression envelopper le travail des couleurs déjà imprimées.

Pour imprimer une planche en plusieurs couleurs, le papier doit être glacé, afin que le repérage de ces couleurs, tombant les unes sur les autres, ne laisse rien à désirer.

Au point de vue artistique, pour une reproduction d'aquarelle ou d'une peinture, ce papier glacé pourrait avoir un côté défectueux si l'on ne pouvait, comme cette planche IV en donne un exemple, redonner au papier son grain naturel en passant sous une forte pression chacune des feuilles posées sur une pierre possédant un grain analogue à celui du papier aquarelle sur lequel est fait l'original; on appelle ce genre de travail: faire un torchonnage; ce grain peut être obtenu sur la pierre beaucoup plus fin ainsi que beaucoup plus gros que celui fait sur cette planche, et ce torchonnage, en faisant disparaître le glacé du papier, atténue en même temps le luisant des couleurs d'impression.

Planche 5.

trait qui a servi à faire les faux décalques.

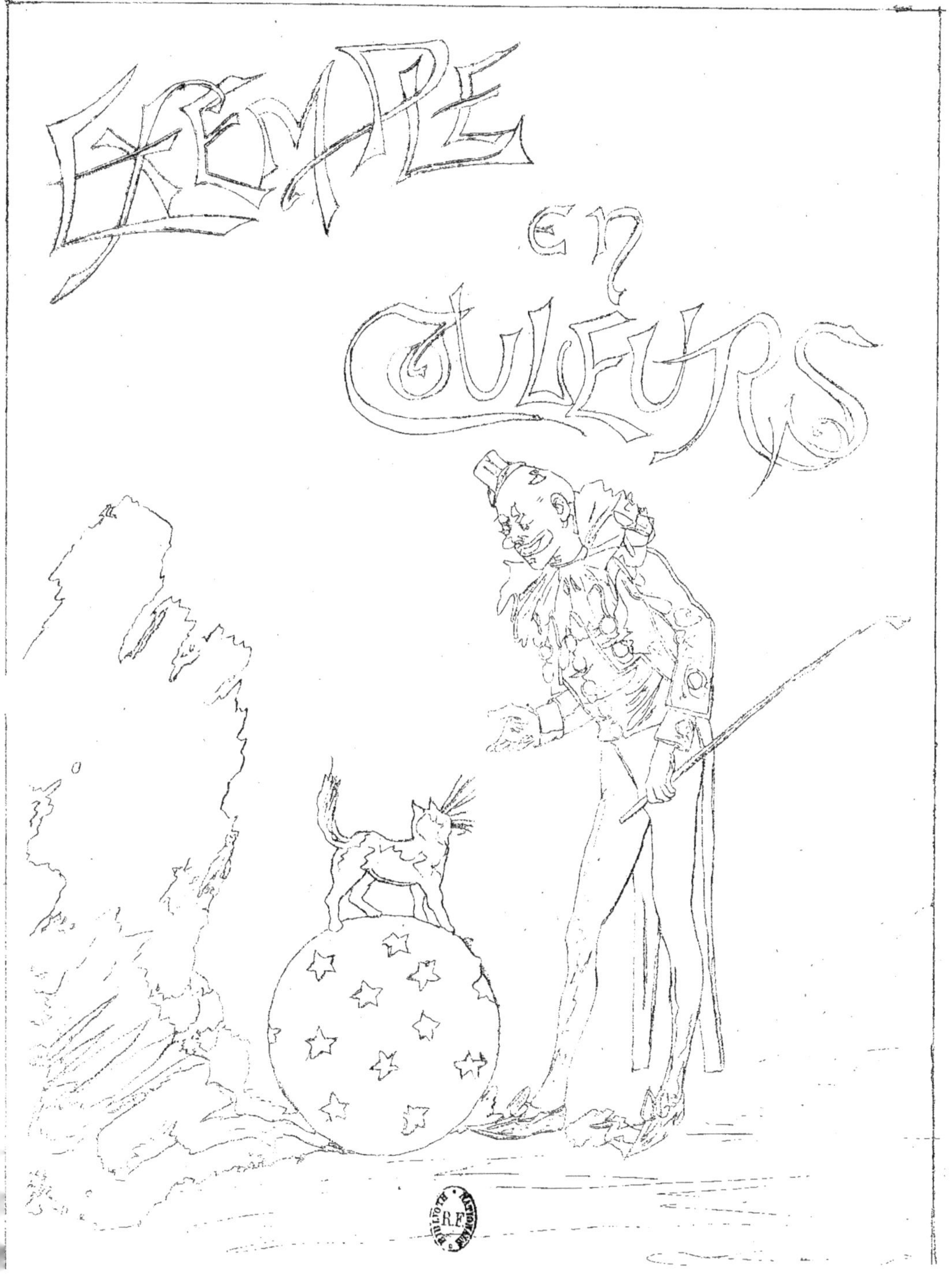

Planche V

Pierre de trait pour les faux décalques.

Cette planche est le trait qui a servi à faire un faux décalque sur chacune des pierres de couleurs qui vont suivre; il a été fait plutôt pour servir d'exemple; ces faux décalques auraient pu être faits avec le dessin qui est sur la pierre de noir (voir planche IX); ils auraient été un guide suffisant à l'emplacement du travail sur chaque pierre pour la reproduction d'une planche aussi simple de tons que la planche IV.

Pour faire un trait dans de bonnes conditions, on procède de la manière suivante :

Vous prenez une feuille de papier végétal lithographique préparé pour dessiner et avec une plume métallique très fine et de l'encre lithographique, en cernant d'un trait d'encre le plus fin possible le dessin et tous les tons et demi-tons que comporte l'original, puis on porte ce décalque à l'imprimeur qui reporte ce trait sur une pierre afin de pouvoir en tirer des épreuves avec une encre d'impression spéciale, épreuves qu'il décalque sur autant de pierres que comporte le besoin de reproduction; ces décalques sont faits en rouge afin que l'artiste puisse mieux se rendre compte à mesure qu'il dessine sur la pierre avec les produits lithographiques qui sont noirs du travail qu'il fait.

Il est donc facile de se rendre compte qu'avec un décalque sur chaque pierre, d'un trait fait comme celui-ci, de voir la place où on doit mettre du travail et par la superposition des couleurs à l'impression obtenir un nombre indéterminé de tons avec très peu de couleurs, sans pour cela augmenter le nombre de pierres, soit en faisant tomber du bleu sur le jaune ou sur le rouge, du rouge sur le jaune, du noir sur le bleu, etc.

Planche VI

Pierre de jaune première couleur.

Cette planche est une épreuve imprimée en jaune. C'est en général par cette couleur que l'on commence l'impression en raison de cette combinaison de tons dont on peut avoir besoin, combinaisons que l'on obtient comme il a déjà été dit par la superposition des couleurs qui viennent ensuite.

Sur cette pierre, il y avait un décalque en rouge de la planche V qui a servi de guide pour mettre du travail où il y avait besoin de jaune et où il y avait besoin de vert (voir les pans de l'habit); ce vert ne sera obtenu qu'à l'impression du bleu dont le travail fait à la même place sur cette autre pierre viendra tomber sur le jaune (voir planche VIII).

Le travail de pointillé qui enveloppe et finit cette planche est fait à la brosse, c'est-à-dire par un crachis d'encre fait de la même manière qu'à la planche III, figure I, et comme à cette planche toutes les parties blanches de celle-ci ont été garanties de la pluie

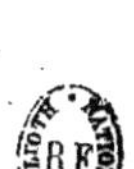

Planche 7.

pierre de rouge 2me couleur.

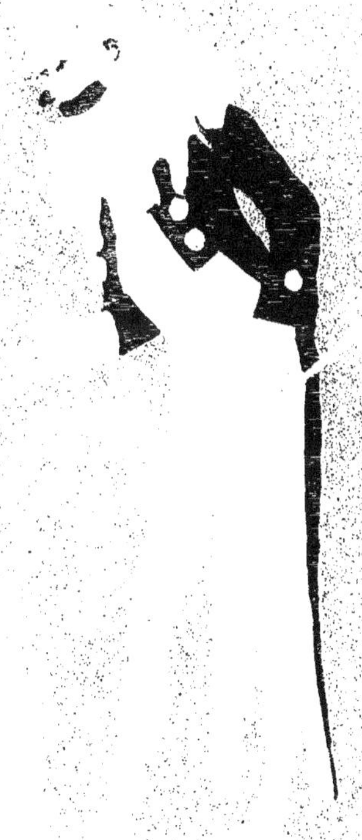

d'encre au moyen d'eau gommée assez fortement avec un pinceau; ce gommage a été très simple à faire, toujours grâce au décalque de la planche V dont le trait a servi de guide à ce travail.

Planche VII

Pierre de rouge deuxième couleur.

Cette planche est une épreuve tirée de la pierre de rouge.

Sur cette pierre il y avait, comme à la précédente, un décalque de la planche V, qui a servi de guide pour mettre du travail aux endroits voulus.

Le travail de cette pierre, comme l'indique cet exemple, doit être imprimé en rouge et venir tomber sur le jaune, cette planche étant la seconde couleur.

Ce travail est traité de la même manière que celui de la planche VI, c'est-à-dire à l'encre avec la plume et le pinceau et le fond à la brosse.

Toutes les parties blanches sont préservées de la pluie d'encre par le même procédé, c'est-à-dire couvertes d'eau gommée avec un pinceau.

Le travail à la brosse étant fait sur cette pierre à la même place que sur celle de jaune, il est tout simple de se rendre compte qu'à l'impression de cette planche le fond devienne d'un ton orange par la superposition de ce travail imprimé en rouge venant tomber sur celui imprimé en jaune (voir planche IV).

Planche VIII

Pierre de rouge troisième couleur.

Cette planche est une épreuve de la troisième pierre dont le travail a été fait pour être imprimé en bleu; ce bleu vient à l'impression se marier avec le jaune et le rouge déjà imprimés.

Sur cette pierre il y avait, comme sur les précédentes, un décalque de la planche V qui, comme précédemment, a servi de guide pour mettre bien à la place voulue le travail fait à l'encre et au crayon dont cette planche est composée.

Il a été mis du travail à l'encre sur la boule et aussi sur les pans de l'habit pour que, comme il a été dit précédemment, ce travail tombant sur le jaune à l'impression, ils deviennent verts (voir planche IV).

Le restant de la planche est fait par de légers tons faits à la pointe du crayon; ils doivent être couverts d'un même travail fait sur la pierre de noir qui vient en dernière impression tomber sur le bleu afin d'obtenir les tons gris qui sont sur la planche IV.

Planche IX

Pierre de noir quatrième couleur.

Voici une épreuve de la pierre de noir dont le travail vient envelopper et ombrer le jaune, le rouge et le bleu et qui termine cette pochade représentée par la planche IV. Le travail de cette

Planche 8.

pierre de bleu 3me couleur.

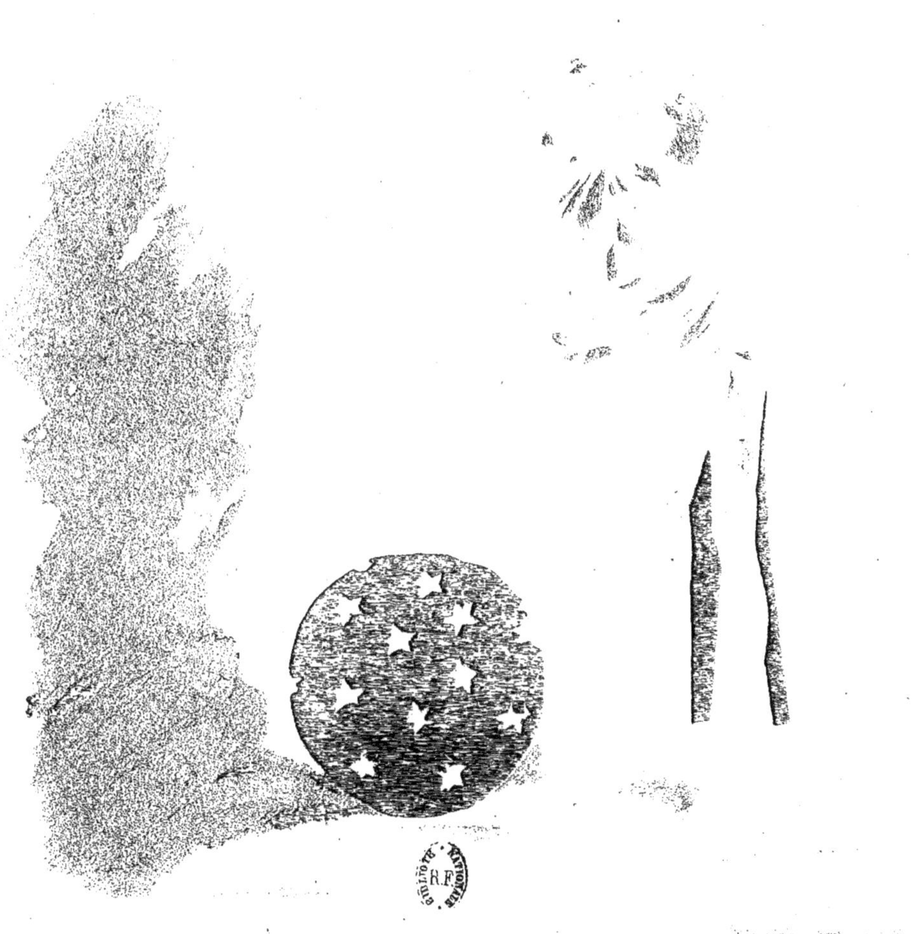

Planche 9.

Pierre de noir 4me couleur.

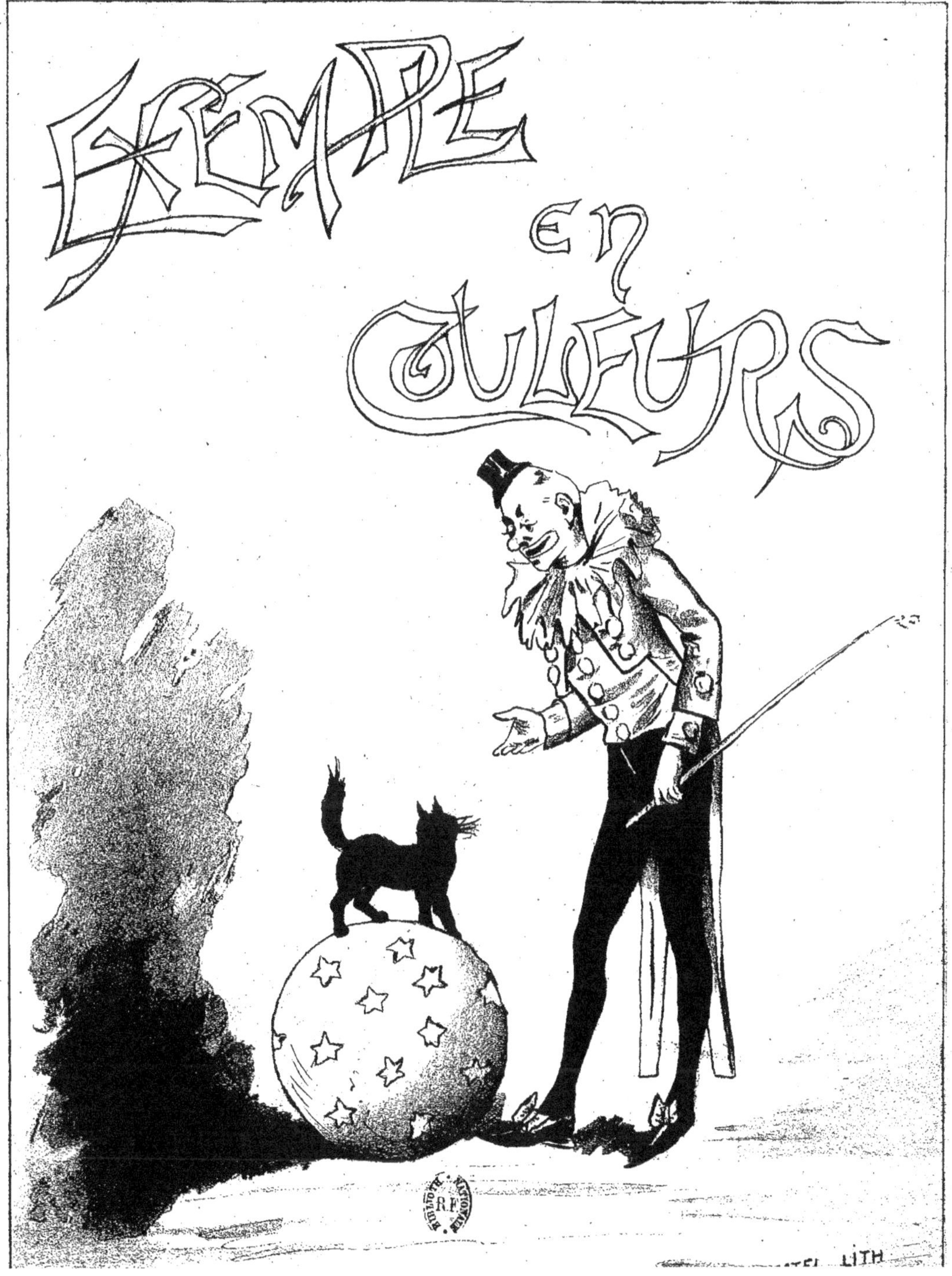

planche est fait à l'encre et au crayon et, comme il est dit plus haut, ce dessin était assez fini pour servir de faux décalque à l'emplacement du travail sur chacune des pierres précédentes qui ont été imprimées en couleur; il aurait pu, par conséquent, remplacer à cet effet le trait de la planche V qui n'a été fait, comme il a été dit précédemment, que pour servir d'exemple, au cas où il serait nécessaire à l'artiste d'en faire un pour la reproduction d'une planche plus compliquée en couleurs que celle-ci.

Pour dessiner sur des pierres dont le travail doit être imprimé avec de la couleur, on peut employer sans crainte en travaillant toutes les petites ficelles de métier avec lesquelles ont été traités quelques-uns des exemples des planches I, II et III, tels que frottis de crayon, de flanelle, estompe avec le tortillon, plume, crachis, lavis, etc.; tous ces moyens imprimés sur ces planches avec du noir seraient venus dans les mêmes conditions aussi purs et aussi transparents s'ils avaient été imprimés avec n'importe quelle autre couleur.

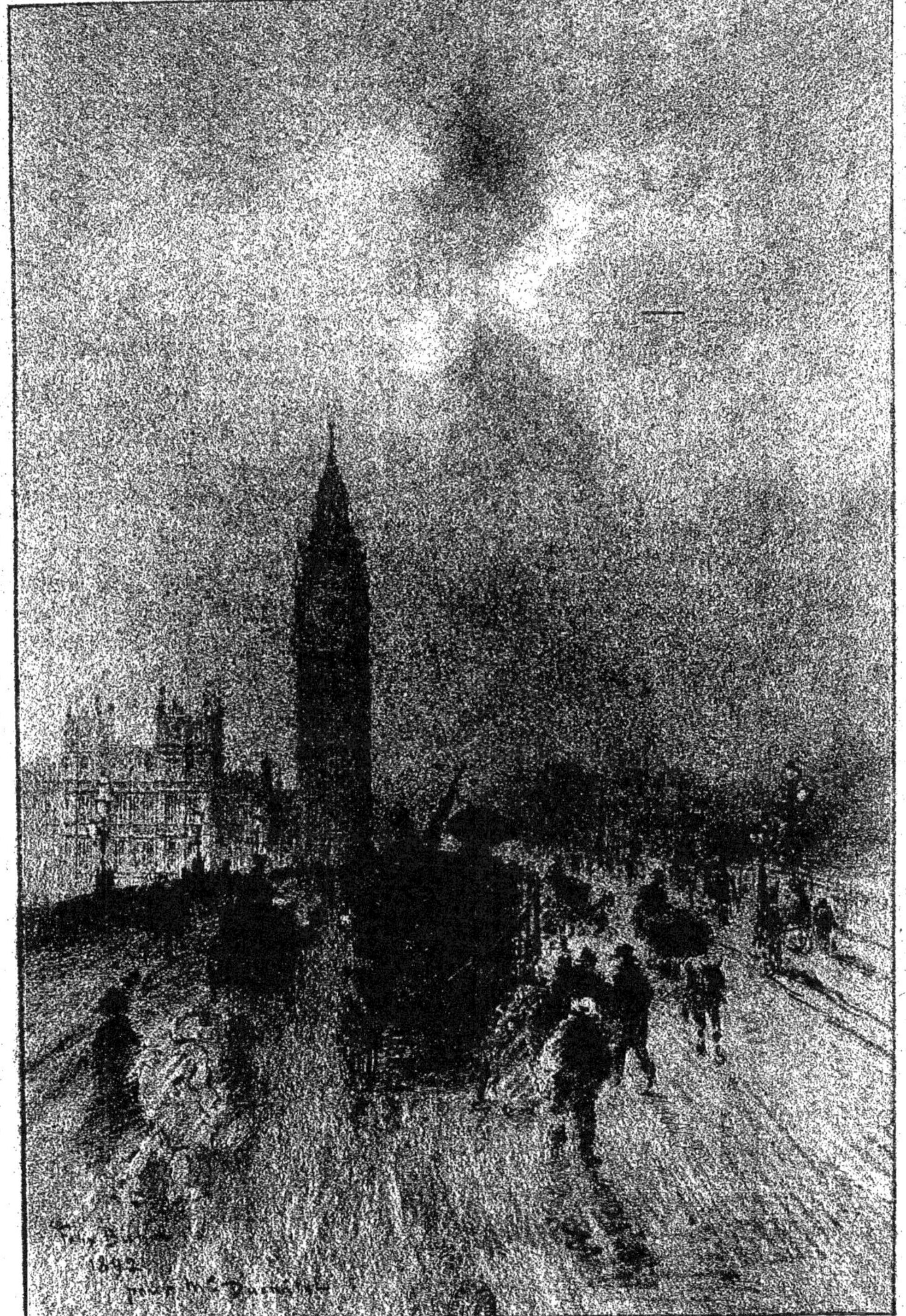

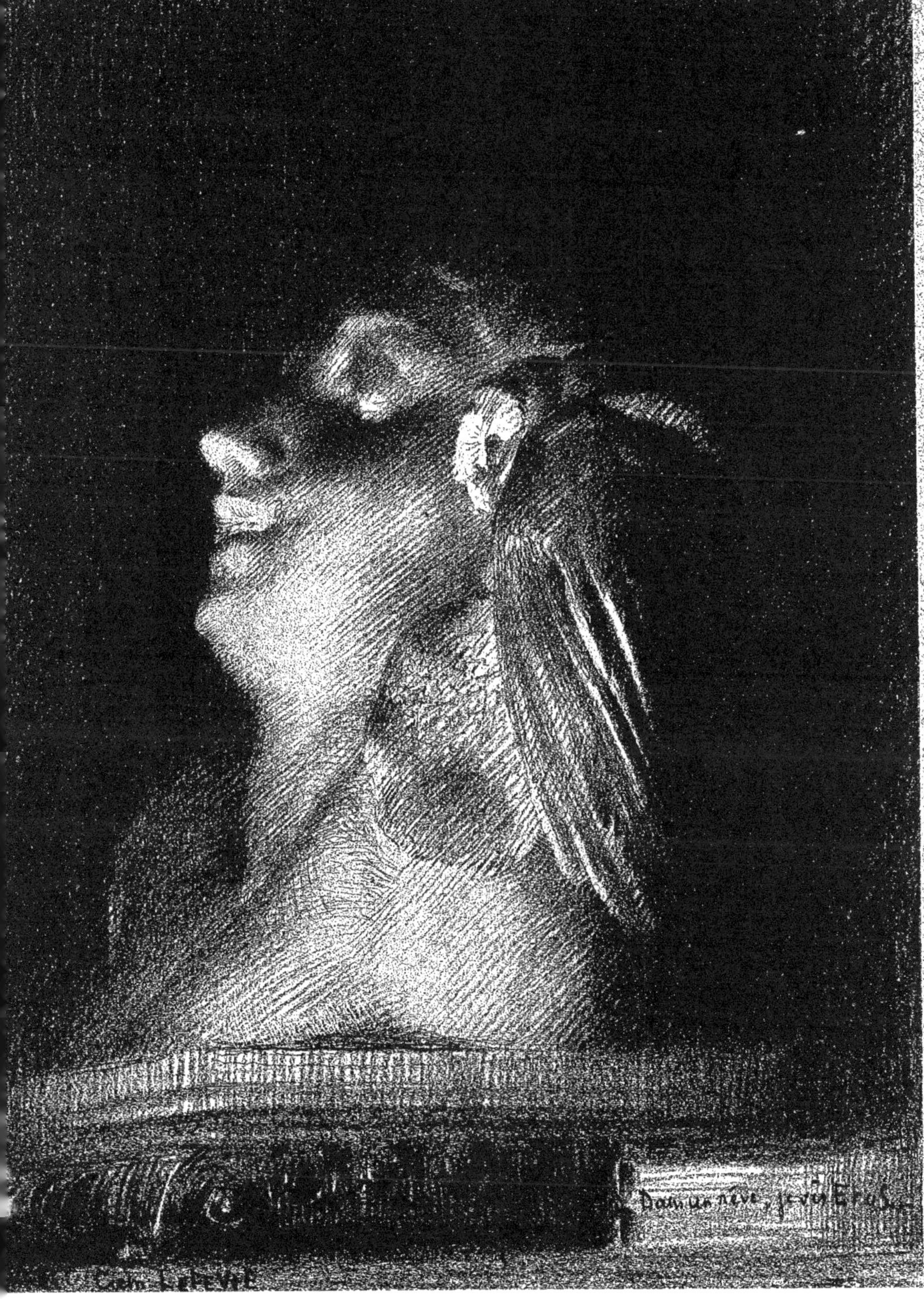
Dans un rêve, je vis

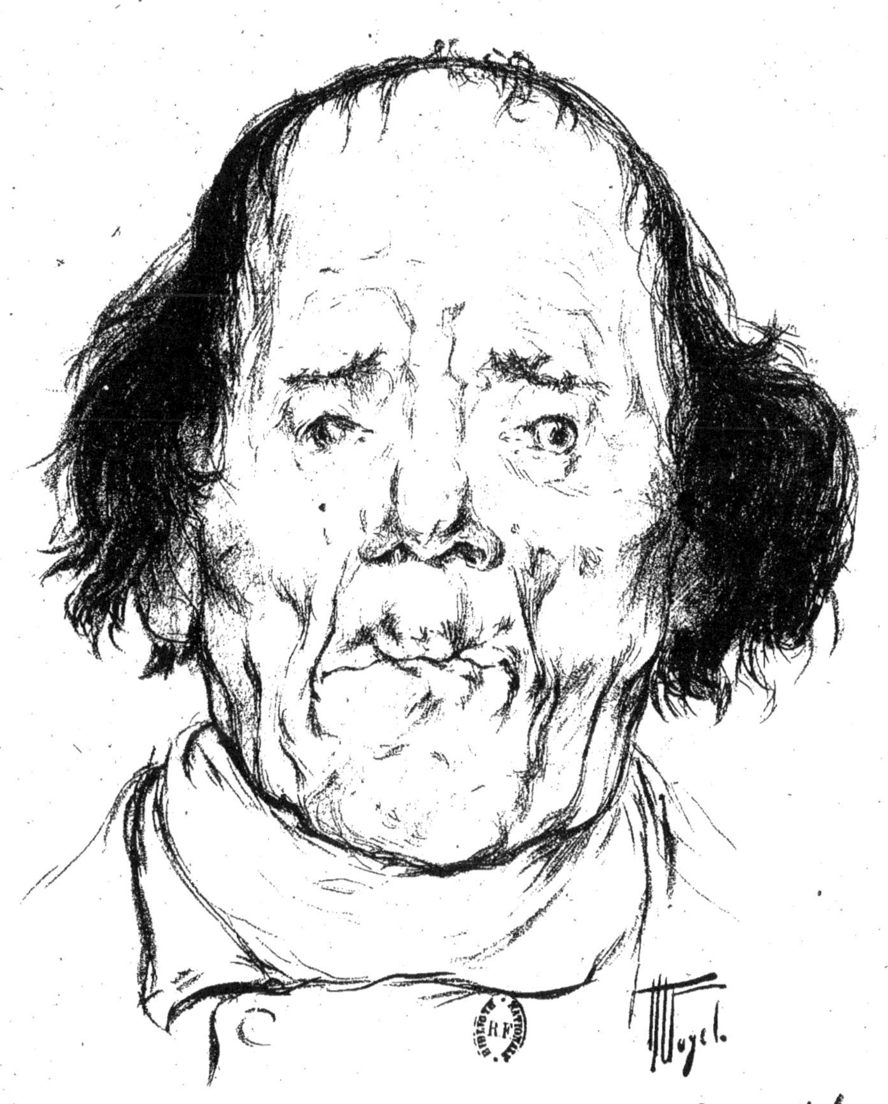

a mon ami Duchatel

DEUXIÈME PARTIE

Lithographies faites sur différents papiers et reportés sur pierre.

En plus du côté artistique de la lithographie, qui donne place à tant d'interprétations différentes quand elle est traitée directement sur pierre, elle possède encore un avantage sur les autres procédés qui n'est malheureusement pas assez connu; c'est de pouvoir dessiner sur des papiers de grains différents que nous nommons :

1° Papier bristol–chine à grains pour crayon;

2° Papier bristol–chine glacé pour la plume;

3° Papier végétal transparent;

4° Papier viennois nos 1, 2 et 3.

Les dessins faits sur ces papiers peuvent être reportés sur pierre par l'imprimeur; il en tire des épreuves qui viennent absolument semblables à l'original sans aucune altération des demi–tons ni des valeurs.

En plus, il est toujours facile à l'artiste ayant eu ses épreuves de faire directement sur la pierre toutes les retouches qu'il juge nécessaires; on peut donc se rendre compte jusqu'où on peut pousser la perfection de son œuvre.

Ce procédé de dessiner sur un papier spécial pour que le dessin en soit reporté sur pierre a été jusqu'ici très peu employé, étant pour ainsi dire très peu connu; il est appelé, nous le croyons, à entrer pour une bonne part au relèvement de la lithographie.

Pour le dessinateur, ces différents papiers offrent encore une commodité assez appréciable, c'est de pouvoir faire son dessin à l'endroit.

Le dessinateur peut donc, sur ces papiers à report, faire une mise en place assez avancée de son dessin, le faire décalquer et le finir ensuite directement sur pierre.

Sur ces papiers on peut dessiner, en se servant des différents numéros de crayons et de presque tous les moyens avec lesquels sont faits une partie des exemples des planches I, II et III, de la lithographie directement sur pierre. Le travail des crayons 1, 2 et 3, l'estompe avec le tortillon, les frottis de flanelle, l'encre et le crachis se reportent très bien sur la pierre et le travail vient de même à l'impression.

En consultant les exemples qui forment la seconde partie de cette brochure et les planches artistiques de MM. F. Buhot, Camille Lefèvre, Vogel, Dulac, Lunois, Fantin-Latour, Fauchon, E. Pirodon et la couverture faite sur papier par Dillon, il est facile de se rendre compte de ce que l'on peut tirer momentanément de ce procédé auquel il reste encore probablement bien des applications à trouver.

Ces planches artistiques, ainsi que celles des exemples qui vont suivre, sont faites chacune sur des papiers différents; elles ont été reportées sur pierre et imprimées sans aucune espèce de retouche.

Et malgré ces résultats obtenus, il est préférable, comme il a été dit plus haut, de ne dessiner sur ces papiers à report qu'avec l'intention de reprendre son œuvre sur la pierre, afin d'y apporter le côté fini que l'on ne peut obtenir sur le papier la première fois; ces papiers ne devraient être utilisés par le dessinateur que pour faire une bonne mise en place de son dessin et de l'avancer par ce moyen le plus possible, avec plus de hardiesse qu'on ne le fait directement sur pierre lorsque l'on n'en a pas l'habitude.

SOINS A PRENDRE

Pour dessiner sur papier lithographique à report.

1° Il doit exister sur chacun des papiers lithographiques à report une couche très légère d'une préparation chimique nécessaire au décalque du dessin sur la pierre.

Il est donc de toute utilité, pour que le décalque et l'impression d'un dessin se fassent dans de bonnes conditions, que l'artiste dessine sur le bon côté.

Ce côté doit du reste être indiqué sur les quatre coins de chaque feuille, sinon il faut la refuser, car il serait impossible à l'imprimeur de reporter sur la pierre un dessin fait sur le côté opposé.

2° A la condition qu'ils soient sans colle, c'est-à-dire qu'ils absorbent l'eau, tous les papiers peuvent recevoir la préparation nécessaire à faire détacher le dessin qui doit être reporté sur pierre.

L'artiste peut donc lui-même choisir un papier qui lui conviendrait comme grain pour son travail et le faire préparer à l'imprimerie avant de s'en servir.

Cette préparation n'altère en rien son aspect ni la nature du grain.

3° En les préservant de l'humidité, ces papiers peuvent se conserver des années dans un carton et sont toujours bons à recevoir le crayon lithographique.

Un dessin fait au crayon sur un de ces papiers peut aussi se garder assez longtemps avant de le faire reporter sur pierre; il n'en est pas de même d'un travail fait à l'encre; il faut s'en méfier, car elle se décompose assez facilement en très peu de temps et le décalque ou l'impression en devient souvent très problématique.

4° Quand on dessine, il faut éviter que la main n'appuie sur le papier, afin que l'humidité qu'elle peut renfermer n'altère en rien la composition qui est dessus, et on évite ainsi toutes les variations qui pourraient se produire dans le travail au moment du report sur la pierre ainsi qu'à l'impression.

5° Il faut avoir aussi bien soin de poser sa feuille sur une planche bien unie quand on dessine, car le crayon prendrait l'empreinte de toutes les aspérités qui seraient dessus et ces défauts viendraient au moment du tirage sur les épreuves.

6° L'esquisse ou le calque d'un dessin ne doit être fait sur ces papiers qu'avec des crayons maigres, afin qu'il ne vienne à l'impression que ce qui est dessiné au crayon ou à l'encre lithographique.

Comme pour la pierre, on n'emploie en général sur le papier à report que la sanguine en pierre pour esquisser et on en garni le dos d'une feuille de papier pour faire un calque.

7° Pour enlever le crayon sur ces papiers, on ne peut se servir que d'un grattoir avec lequel il faut faire bien attention de n'enlever le crayon que très superficiellement, c'est-à-dire sans attaquer ni enlever la couche très mince de préparation dont le papier est garni, afin que le travail, qui serait remis ensuite aux endroits grattés, puisse se décalquer sur la pierre.

8° Quand un dessin est fini et que l'on désire obtenir quelques blancs purs dans certains endroits, on les gouache; cette gouache isole le crayon de la pierre au moment du report (voir planche II, figures I, II et III).

9° Sur ces papiers on peut, comme sur la pierre, enlever un faux trait et les petites taches de crayon avec une pointe sèche; cette pointe peut aussi servir pour faire des hachures très fines sur un travail de crayon; elles viennent très nettes à l'impression.

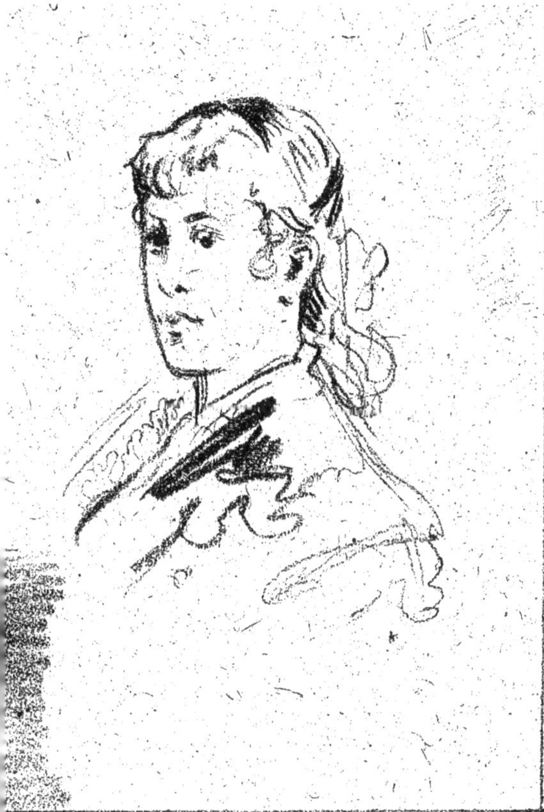

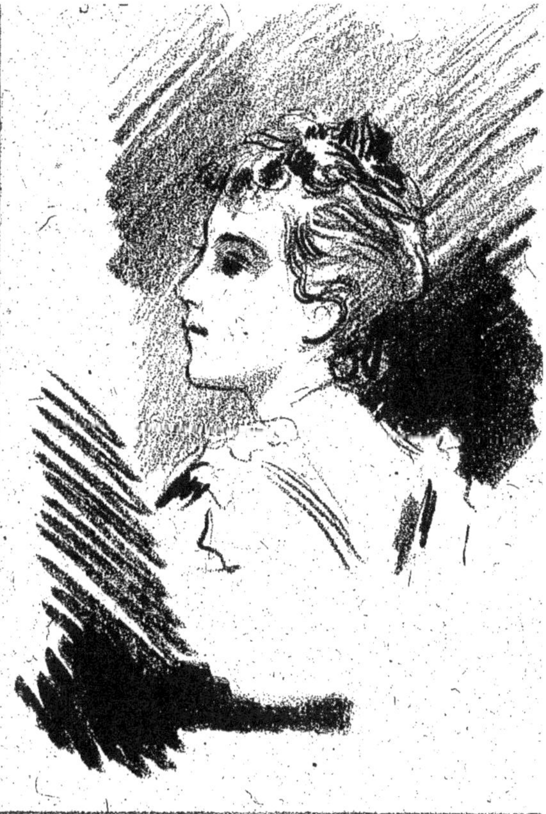

Fig. 3

Fig. 4

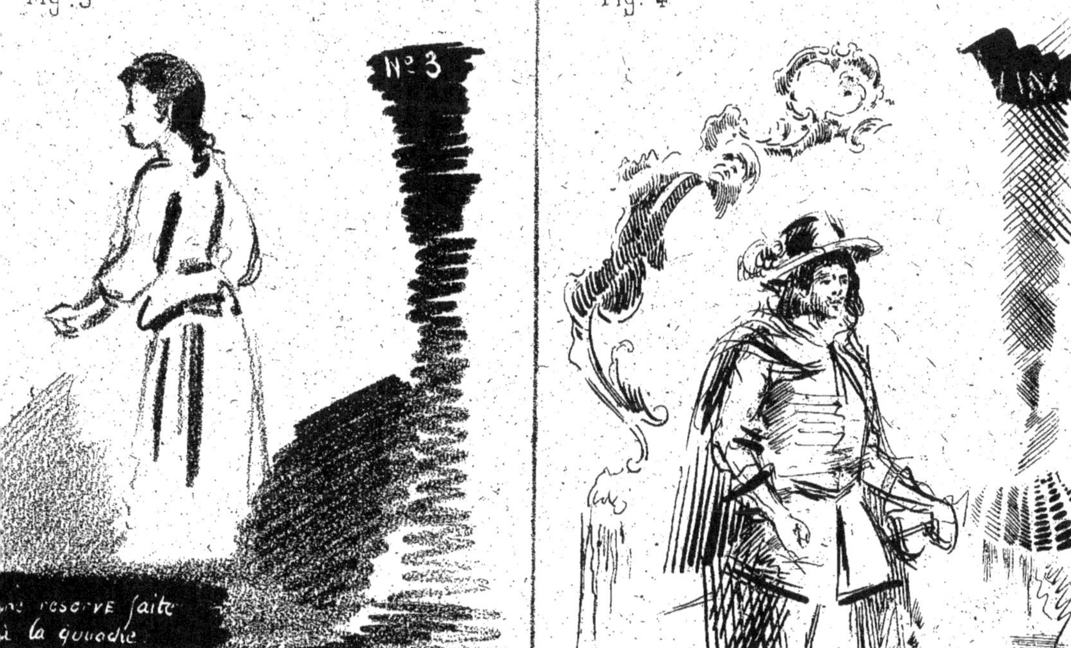

Planche X

Dessinée sur papier bristol-chine à grains.

Les exemples qui composent cette planche ont été dessinés sur papier lithographique bristol-chine à grains avec de la plume et des numéros de crayons différents.

Ces exemples de crayon et de plume ont été ensuite reportés sur pierre et sont venus à l'impression tels qu'ils avaient été faits sur le papier, c'est-à-dire sans aucune retouche sur la pierre.

Figure I

Ce premier exemple est fait au crayon n° 1; c'est le plus ferme après le Copal; pour dessiner sur papier, il doit remplacer ce dernier, dont le travail est un peu maigre pour être reporté sur pierre. Le n° 2 le remplace avantageusement sous tous les rapports; il est plus souple et plus gras et, une fois reporté, il supporte mieux l'acidulation.

Figure II

Cette figure est faite entièrement avec du crayon n° 2; c'est, avec du n° 1, celui dont on se sert le plus souvent; on peut en obtenir très facilement toute la gamme des tons; les demi-tons et les noirs faits avec ce crayon viennent très souples et très transparents aussi bien en travaillant sur le papier que sur la pierre.

Figure III

Cette figure est faite avec du n° 3; on doit autant que possible ne se servir de ce crayon pour dessiner sur un papier à report que pour estomper au tortillon ou faire un frottis de flanelle, comme celui de la planche XI, figure II; il est assez tendre pour remplacer le crayon estompe, dont le travail fait sur le papier vient un peu lourd sur l'épreuve; il est donc préférable de ne s'en servir que pour dessiner directement sur pierre.

Les blancs qui sont sur cet exemple peuvent être faits sur le travail de n'importe quel crayon; ils sont obtenus avec de la gouache que l'on pose avec un pinceau sur les endroits voulus du dessin quand il est terminé; elle isole le crayon de la pierre au moment du report et les parties ainsi gouachées viennent absolument blanches. Aussi légèrement qu'elle soit posée, on ne peut en obtenir des demi–tons.

Figure IV

Cette figure est faite à la plume et à l'encre lithographique sur ce même papier à grains, afin que l'on puisse se rendre compte qu'un travail de plume peut se marier très bien sur un dessin fait avec du crayon.

Les traits d'encre, aussi légers qu'ils soient sur le papier, ne s'écrasent pas au report et viennent aussi nets et aussi fins qu'ils ont été faits.

Ce papier bristol-chine existe absolument uni et glacé; il est fait spécialement pour recevoir un dessin composé entièrement à la plume.

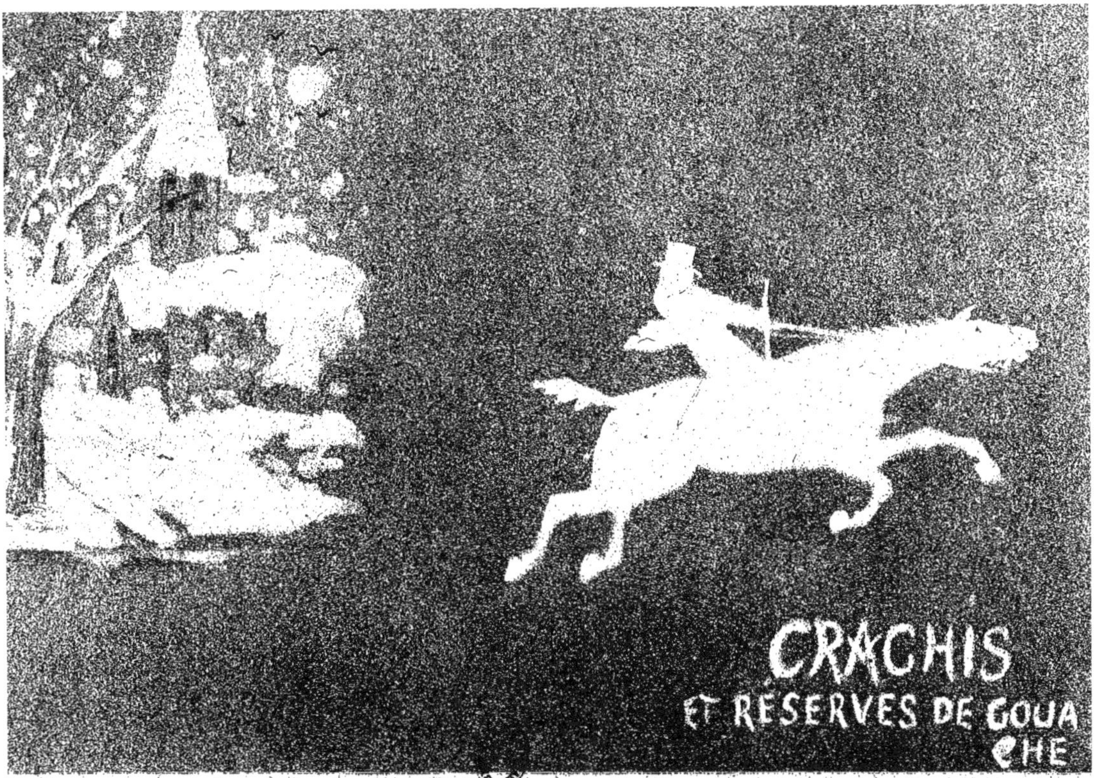

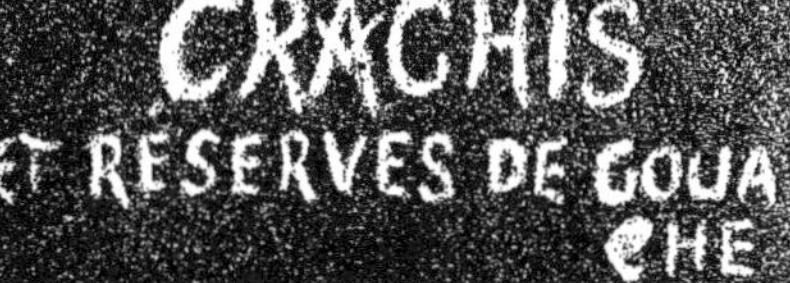
CRACHIS
ET RÉSERVES DE GOUA
CHE

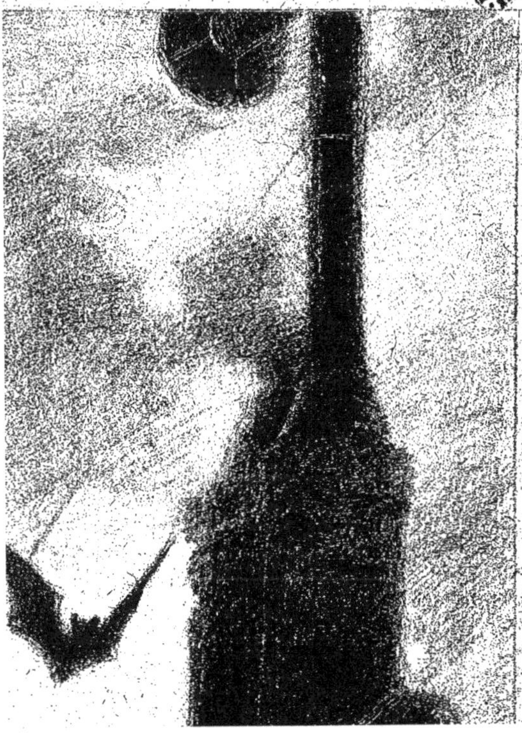

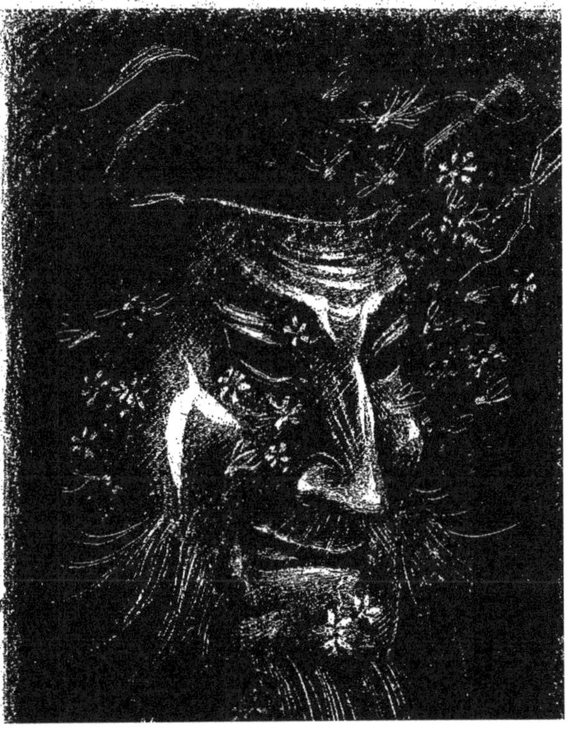

Planche XI

Dessinée sur papier bristol-chine à grains.

Comme ceux de la précédente, les exemples qui forment celle-ci ont été faits sur papier bristol-chine à grains.

Ils sont composés de crachis d'encre, de réserves de gouache, de frottis de flanelle, d'estompes, de grattages et de demi-grattages sur fond noir.

Ces différents moyens ont été employés sur le papier absolument de la même manière qu'à la planche II, dont le travail est fait entièrement sur pierre.

Ces exemples, chacun d'un travail si différent, ont été faits sur la même feuille de papier et reportés ensemble directement sur pierre; ils sont venus à l'impression tels qu'ils avaient été faits. On peut donc sur ce papier faire un dessin en employant toutes les petites ficelles du métier avec lesquelles sont composés les exemples de cette planche.

Figure I

Cette figure représente un travail fait à la brosse sur papier et reporté sur pierre.

A part quelques petites modifications qui n'ont rapport qu'aux réserves faites à la gouache, ce crachis est traité sur le papier de la même manière que celui de la planche II, figure I, dont le travail est fait directement sur pierre.

La partie blanche de droite, qui représente un cavalier, a été préservée de la pluie d'encre par un découpage en papier posé sur le dessin.

L'autre côté représente un effet de neige dont les parties blanches sont obtenues au moyen d'un préservatif de gouache.

Cette gouache est posée avec un pinceau sur le dessin fait au crayon ou à l'encre, comme cela a déjà été indiqué précédemment.

Elle sert à isoler le travail de la pierre au moment du report et les parties du dessin où elle a été posée restent absolument blanches.

On peut, sur le crachis et sur les parties restées blanches par tous les moyens de préservation, continuer à dessiner soit au crayon ou à la plume, sauf sur celles où il a été mis de la gouache, le travail ne viendrait pas. Il est donc préférable de n'employer ce moyen que le dessin fini.

Figure II

Cette figure représente un travail d'estompe au tortillon fait avec du crayon n° 3 et accompagné d'un frottis de flanelle très léger.

Cette flanelle a été passée très légèrement sur le travail de crayon et d'estompe, afin d'obtenir le ton général qui enveloppe le dessin.

Cet exemple est fait d'un ton très léger, afin que l'artiste puisse se rendre compte que les tons les plus délicats faits sur le papier peuvent très bien se reporter sur pierre et venir de même sur les épreuves.

Figure III

Cette figure, qui termine les exemples faits sur papier bristol-chine à grains, représente un masque enlevé sur un fond noir fait sur le papier avec du crayon n° 2.

Ce travail se compose de grattages et de demi-grattages faits très légèrement au grattoir, de hachures et de traits fins enlevés à la pointe sèche; les blancs purs sont des réserves de gouache posées au pinceau sur le dessin.

On peut donc, au moyen de ces grattages, obtenir dans un dessin un travail très pittoresque et très amusant aussi bien sur le papier que directement sur pierre.

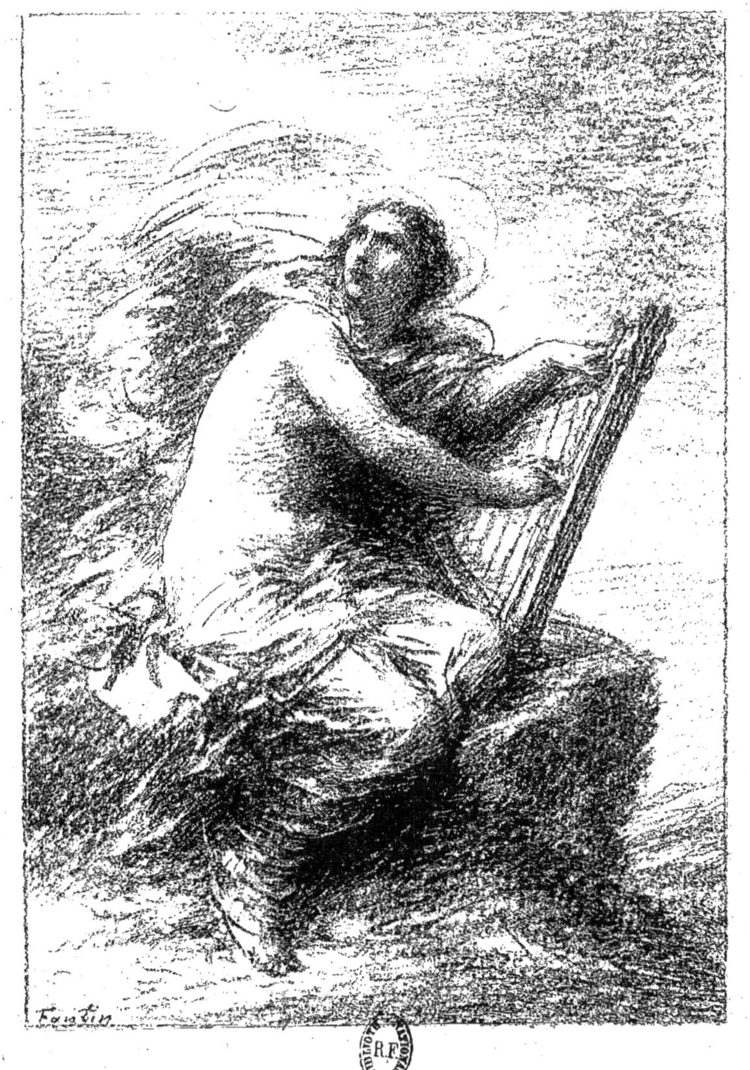

A Monsieur Duchatel
H. Fantin

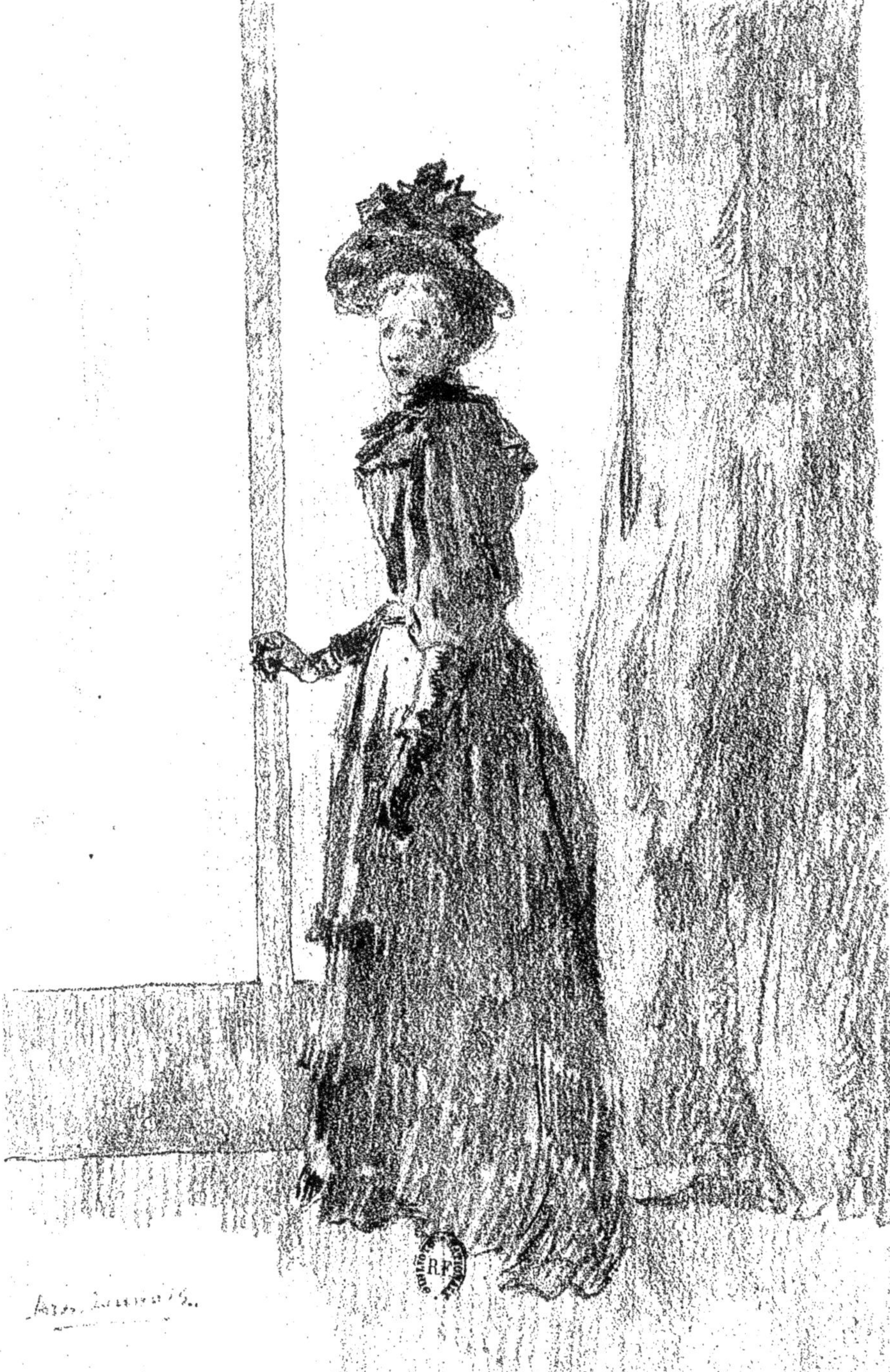

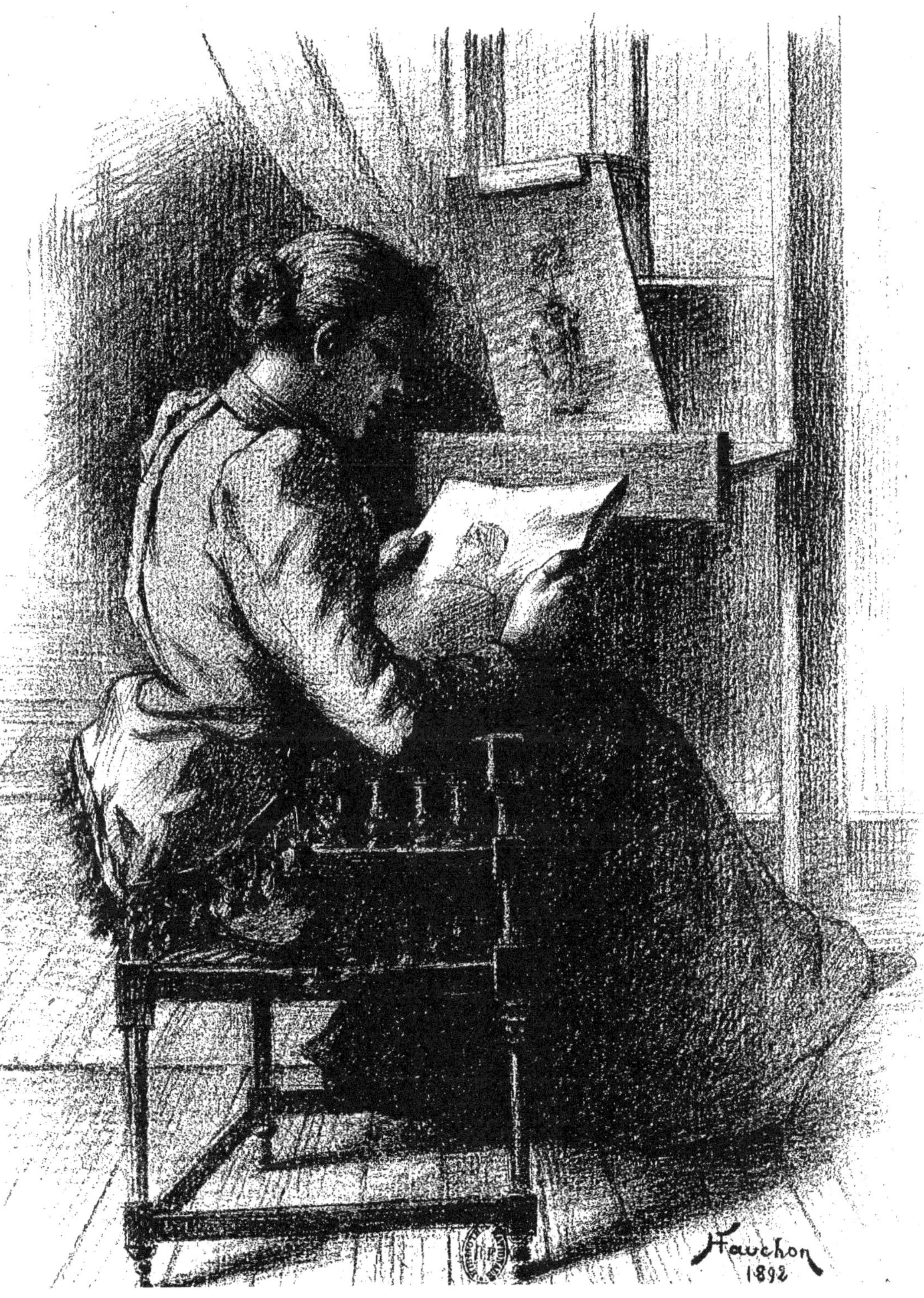
Fauchon
1892

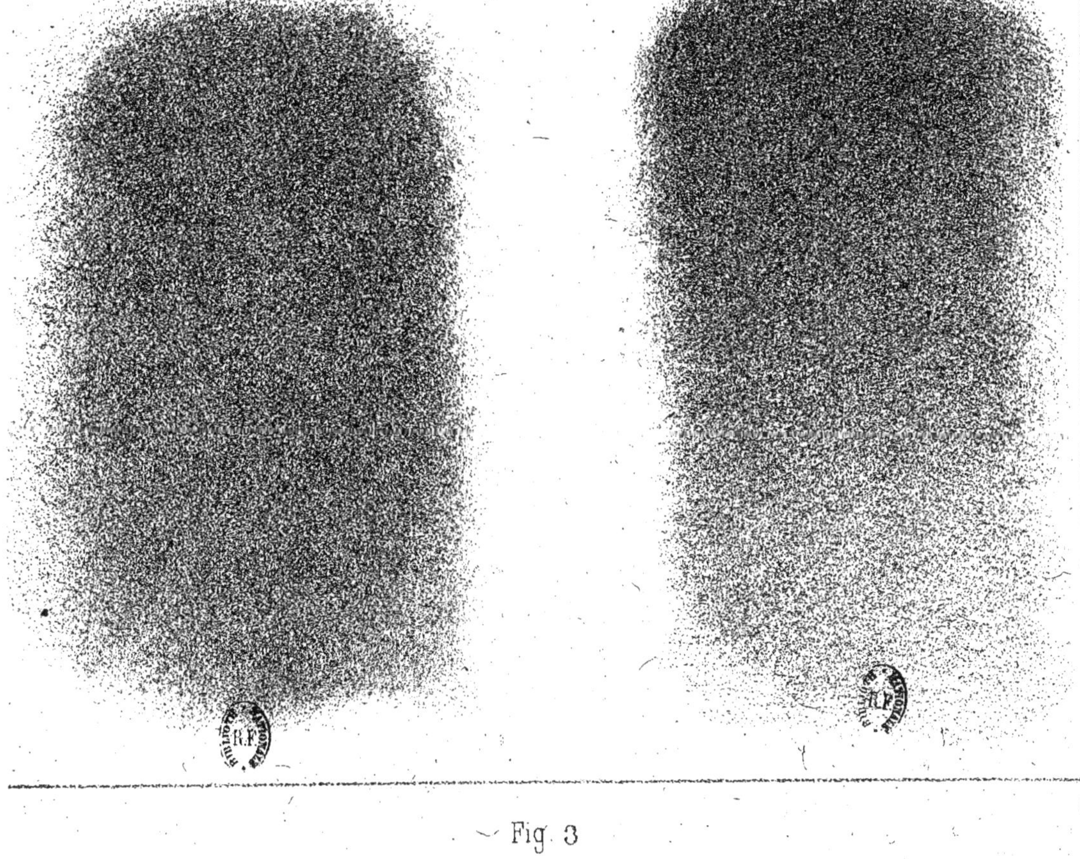

Fig. 3

Planche XII

Dessinée sur papier végétal transparent.

Cette planche est composée d'exemples faits au crayon lithographique sur une feuille de papier végétal à report que l'on a posée, pour faire le travail de chacune des figures, sur des papiers de grains différents.

Ce papier est transparent; on peut s'en servir pour calquer un dessin. Comme il est très mince, le travail des crayons fait dessus prend l'empreinte des papiers vergés ou à grains sur lequel il est posé.

Par ce moyen, on peut sur ce papier faire un dessin dont le travail peut être varié à volonté sous le crayon, selon le genre de papier sur lequel le végétal est posé et que l'on peut changer à tout moment à mesure que l'on dessine.

Un dessin fait sur ce papier peut, comme celui fait sur le bristol-chine, recevoir des réserves de gouache, ainsi que des grattages et demi-grattages, à la condition de les faire très légèrement afin que le grattoir ne le crève pas, car il est un peu mince pour supporter cette opération aussi facilement que les autres papiers à report qui sont beaucoup plus épais.

Il faut aussi faire bien attention de dessiner sur le côté préparé pour recevoir le dessin; ce côté doit être indiqué par des marques qui sont aux quatre coins de la feuille.

Si on a besoin de la découper, il faut prendre la précaution, afin de ne pas se tromper, de faire une remarque sur chacun des morceaux détachés sur lequel la marque qui indique le bon côté n'existerait plus.

Au cas où cette précaution aurait été oubliée, on mouille le bout du doigt et on le pose sur la feuille; si c'est le bon côté, elle doit y rester collée.

Figure I

Le grain qui couvre cette figure a été obtenu au crayon sur ce papier végétal au moyen d'une feuille de papier de verre triple ooo, sur laquelle le végétal était posé. On peut obtenir un grain beaucoup plus fin que celui-ci en le posant sur une pierre grainée très fin.

Figure II

Comme la précédente, cette figure est faite au crayon sur la feuille de végétal sous laquelle on a posé une feuille de papier de verre double oo pour obtenir sous le crayon un grain un peu plus gros que celui de la figure I.

Figure III

Cet exemple est dessiné toujours sur la même feuille de végétal qui était posée sur du papier vergé dont le travail du crayon a pris l'empreinte des vergures dont il est composé.

En résumé, le travail fait sur ce papier se reporte très facilement et s'imprime de même, et par le moyen indiqué précédemment de la retouche directement sur pierre, moyen qui permet au dessinateur de reprendre son œuvre quand il ne la trouve pas suffisante après avoir vu ses premières épreuves. Il peut vaincre toutes les difficultés et même apporter à son dessin un aspect tout autre que s'il était fait entièrement sur pierre, car la pierre possède un grain qui est un peu uniforme et que l'on ne peut varier aussi facilement que sur le papier végétal.

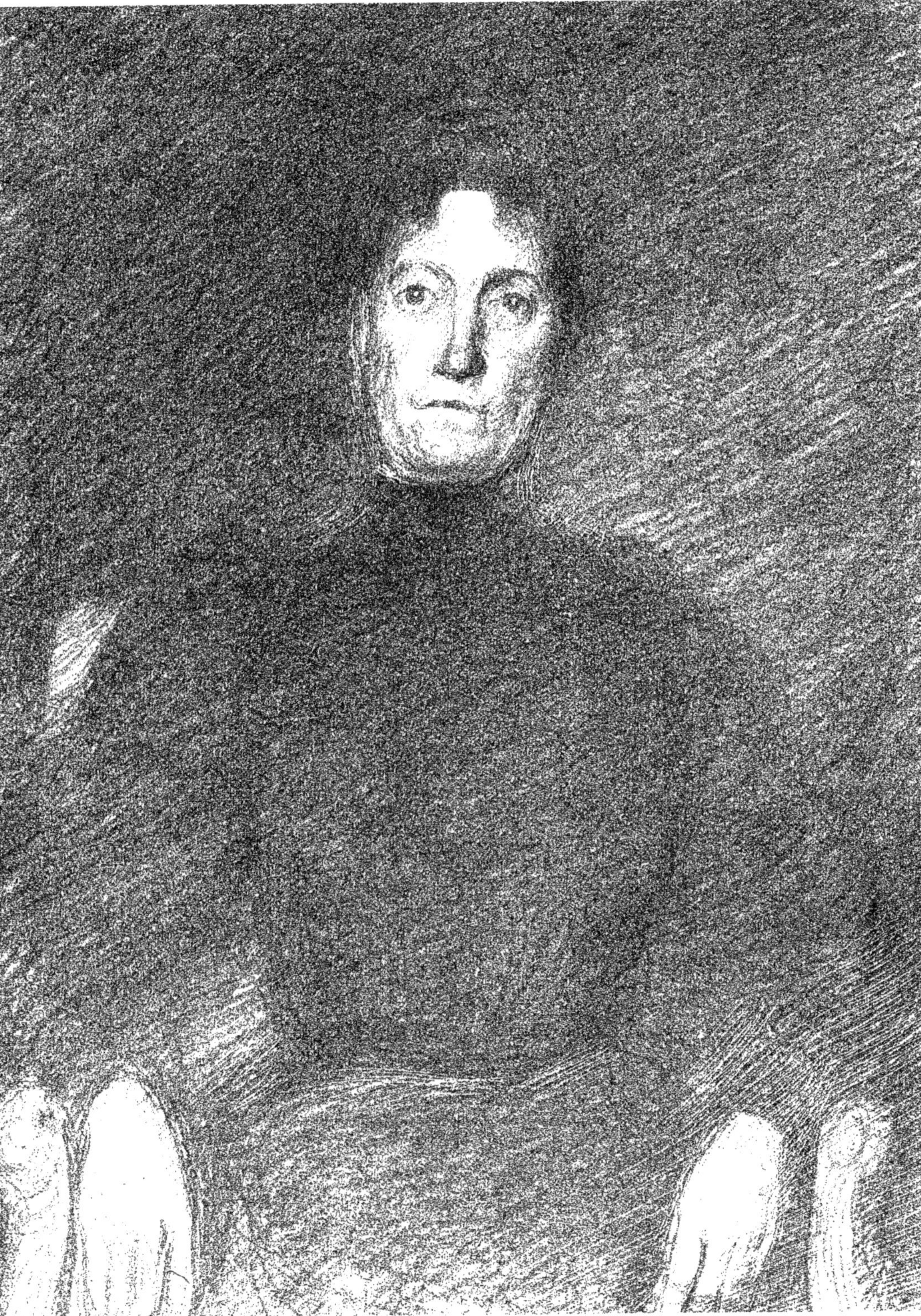

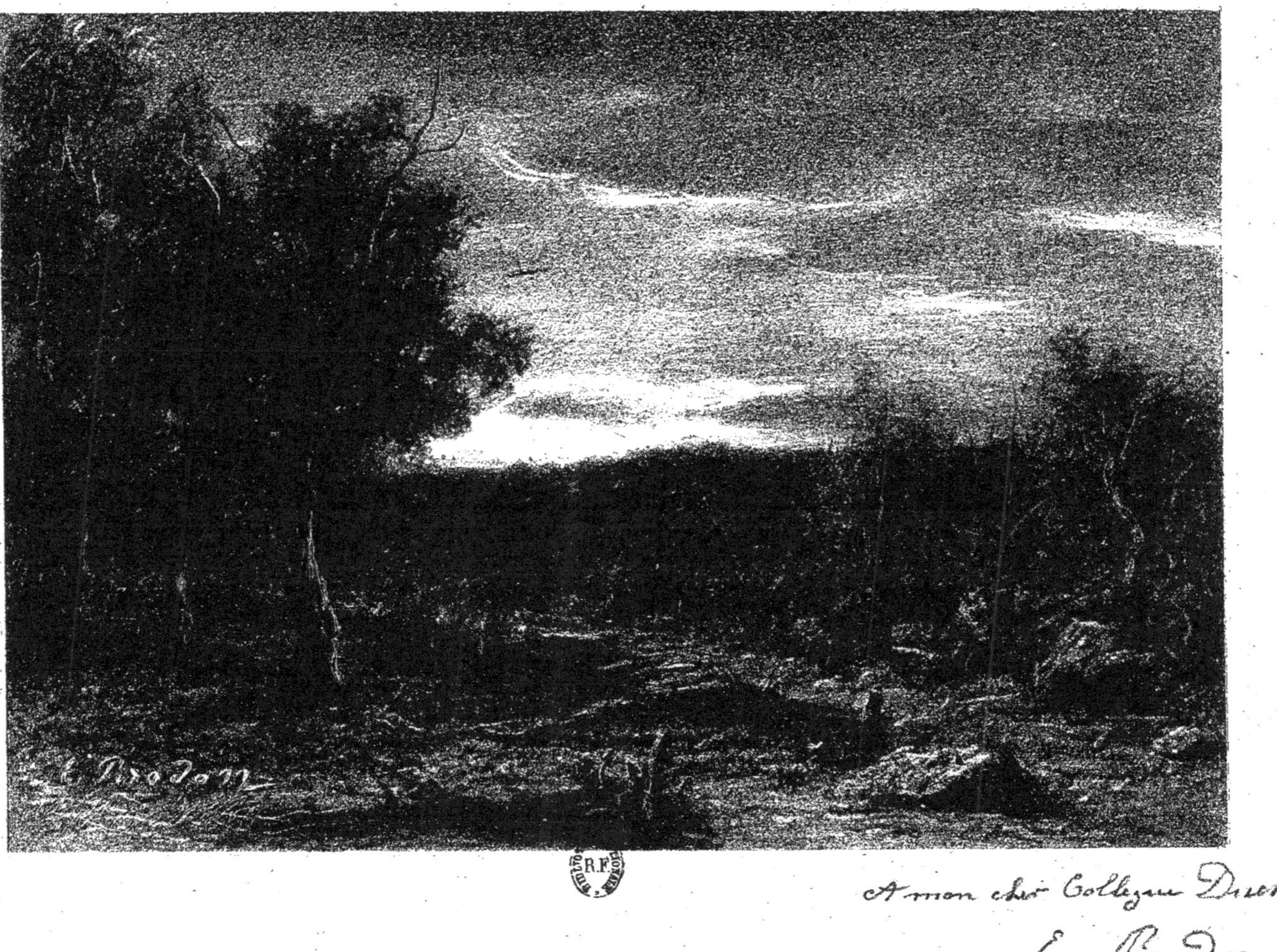

A mon cher Collègue Duchâtel
Eug. Pirodon

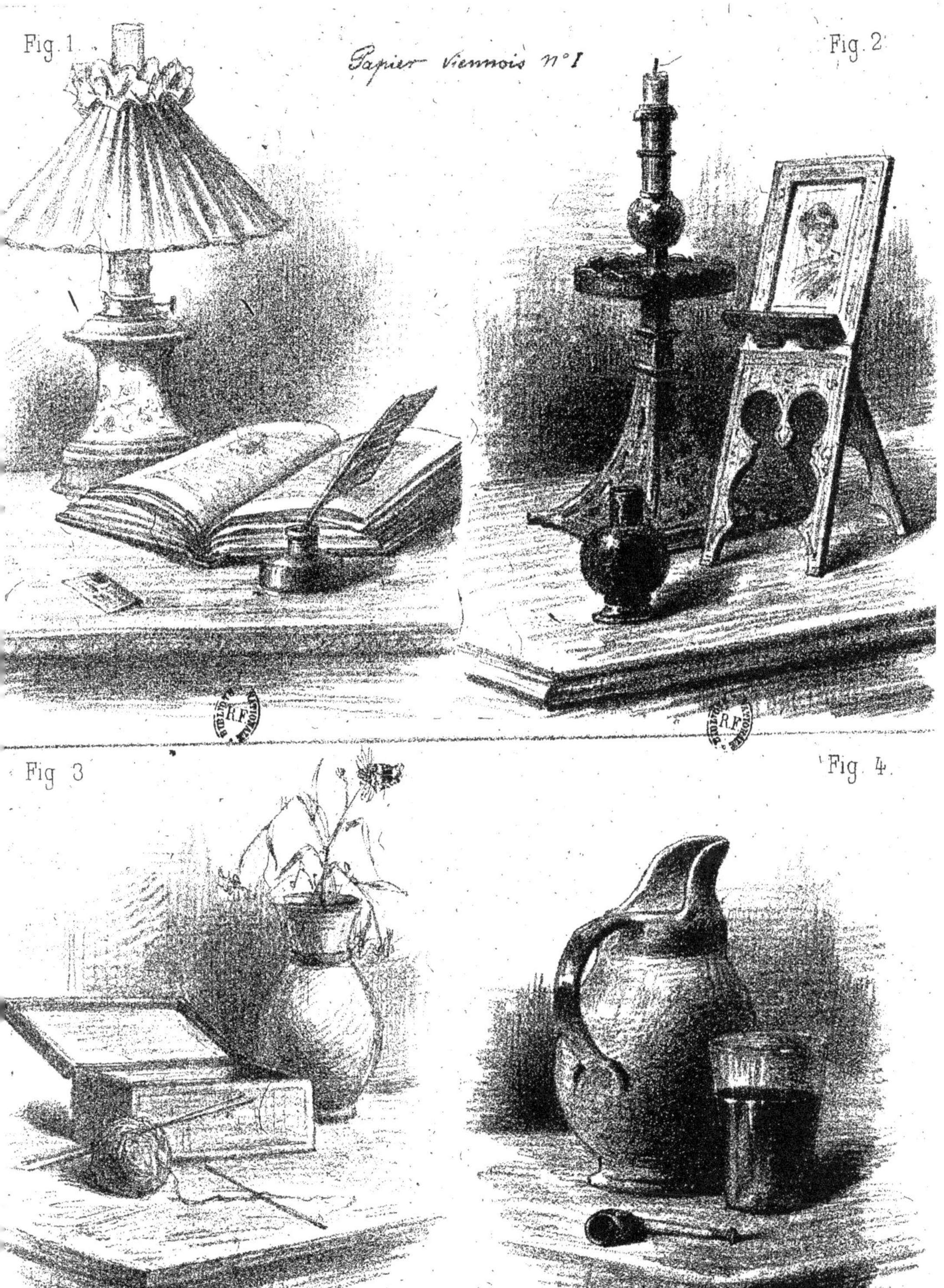
Fig. 1
Papier viennois n° 1
Fig. 2
Fig 3
Fig. 4

Planche XIII

Dessinée sur papier viennois n°s 1 et 2.

Les exemples qui forment cette planche sont dessinés sur du papier viennois. Ce papier comporte trois grains différents dont le plus fin est le n° 1.

Le grain de ces papiers est fait mécaniquement; il forme un quadrillé régulier qui donne au travail des exemples de cette planche le même aspect que s'il était fait sur du papier Gilot.

Un dessin fait sur ce papier qui, comme il a été dit plus haut, possède un grain mécanique et régulier, ne peut recevoir, quand il est décalqué dans les conditions voulues, des retouches directement sur pierre, car le grain sur lequel on doit travailler de nouveau et qui est celui de la pierre, ne ressemble en rien à celui du papier où le travail a d'abord été commencé.

En raison de cela, le moyen de la retouche, qui donne à l'artiste l'avantage de pouvoir reprendre son dessin sur la pierre, devient un travail fort pénible pour n'arriver, au point de vue artistique, qu'à un résultat qui peut ne pas être satisfaisant.

Comme ce dernier, il est garni sur le côté où l'on dessine d'une couche de préparation chimique beaucoup plus épaisse que celle des autres papiers, ce qui donne au dessinateur la facilité de pouvoir faire sur son dessin un travail de grattoir et de pointe sèche, et de pouvoir faire au besoin des grattages assez profonds pour arriver à des blancs purs.

Le travail des crayons, de l'estompe, du frottis de flanelle, de la poudre de crayon et de la plaque fait sur ce papier se reporte très bien et vient de même à l'impression, à la condition toutefois de ne pas garder trop longtemps un dessin dans un carton avant de le porter à décalquer sur pierre, car, d'après mes observations personnelles, je crois que la pâte chimique sur laquelle on dessine décompose assez rapidement le travail des crayons et surtout celui fait à l'encre, et par ce fait le report et l'impression d'un dessin deviennent le plus souvent très laborieux et peuvent ne pas réussir.

Figure I

Cette figure est dessinée sur du papier viennois n° 1; c'est celui qui possède le grain le plus fin; le travail est fait avec du crayon n° 1 afin que l'on puisse se rendre compte de ce que l'on peut obtenir sur ce papier comme finesse et transparence de ton.

Figure II

Le travail de cette deuxième figure est fait sur le même papier que le précédent avec des crayons nos 2 et 3; c'est avec ces crayons que l'on obtient les tons les plus corsés.

Ce dessin est accompagné de quelques grattages et hachures à la pointe sèche dont le travail sur ce papier se fait aussi facilement que sur la pierre.

Figure III

Cet exemple représente un travail fait comme celui de la première figure avec du crayon n° 1 sur un papier viennois d'un grain un peu plus fort, qui est le n° 2; pour faire un dessin de petite dimension, le grain de ce papier est déjà un peu gros et sous le travail son grain mécanique est beaucoup plus apparent que celui du n° 1.

Figure IV

Le dessin de cette figure est fait sur le même papier viennois n° 2 avec des crayons n°s 2 et 3 et, en raison de son grain un peu plus large, les valeurs ont été obtenues moins facilement sur ce papier que celles du dessin de la figure n° 2 qui est fait avec les mêmes crayons sur du papier viennois n° 1.

Il n'a pas été fait d'exemple sur papier viennois n° 3 dont le grain est beaucoup plus gros; il n'est du reste presque jamais employé par les dessinateurs qui, de préférence, se servent du n° 1 dont le grain très fin lui permet de recevoir toute espèce de travail.

TABLE

PREMIÈRE PARTIE

Lithographies directement sur pierre.

DEUXIÈME PARTIE

Lithographies faites sur différents papiers et reportées sur pierre.

Paris. — Imp. E. CAPIOMONT et Cie, rue des Poitevins, 6.

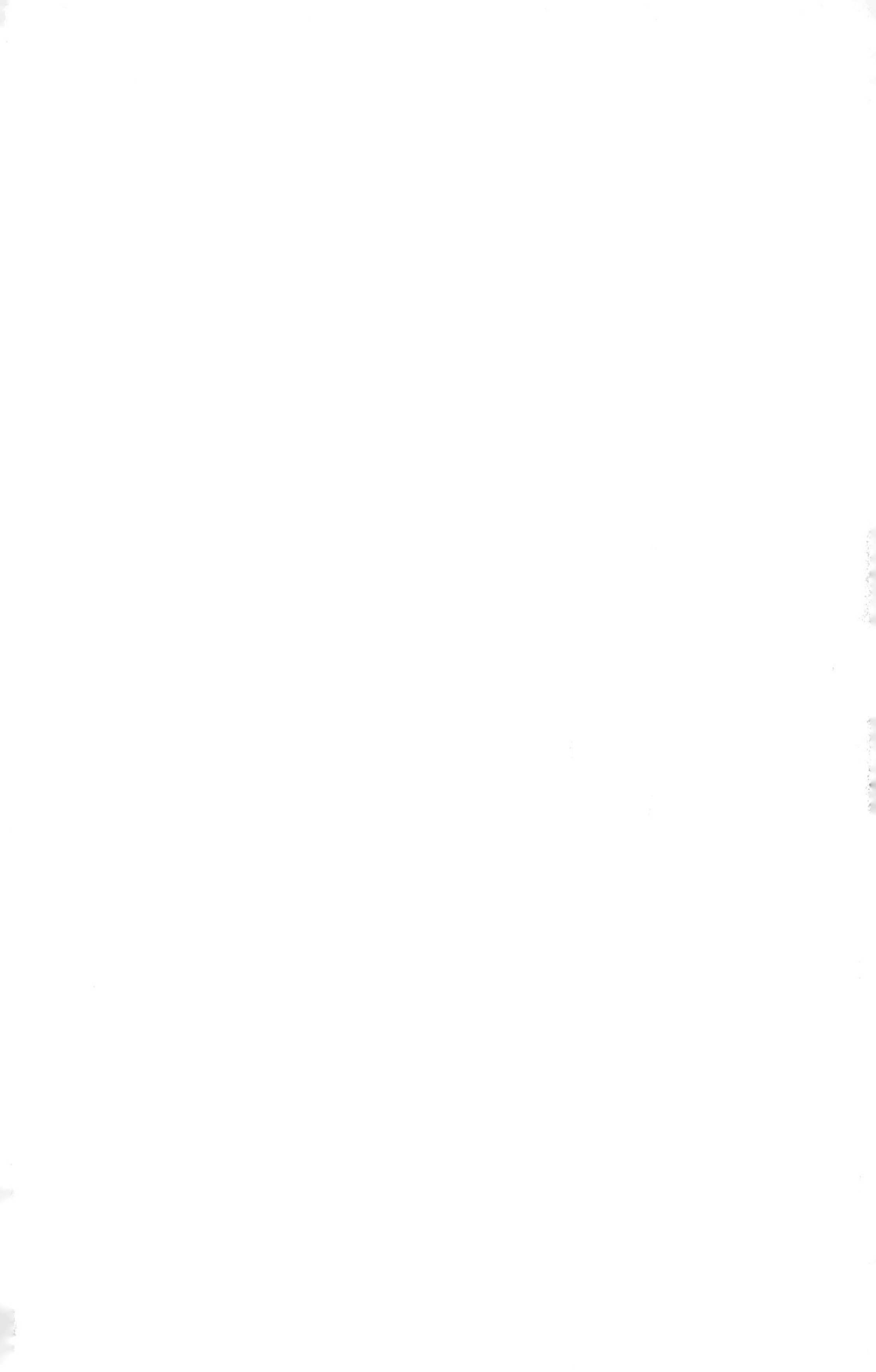

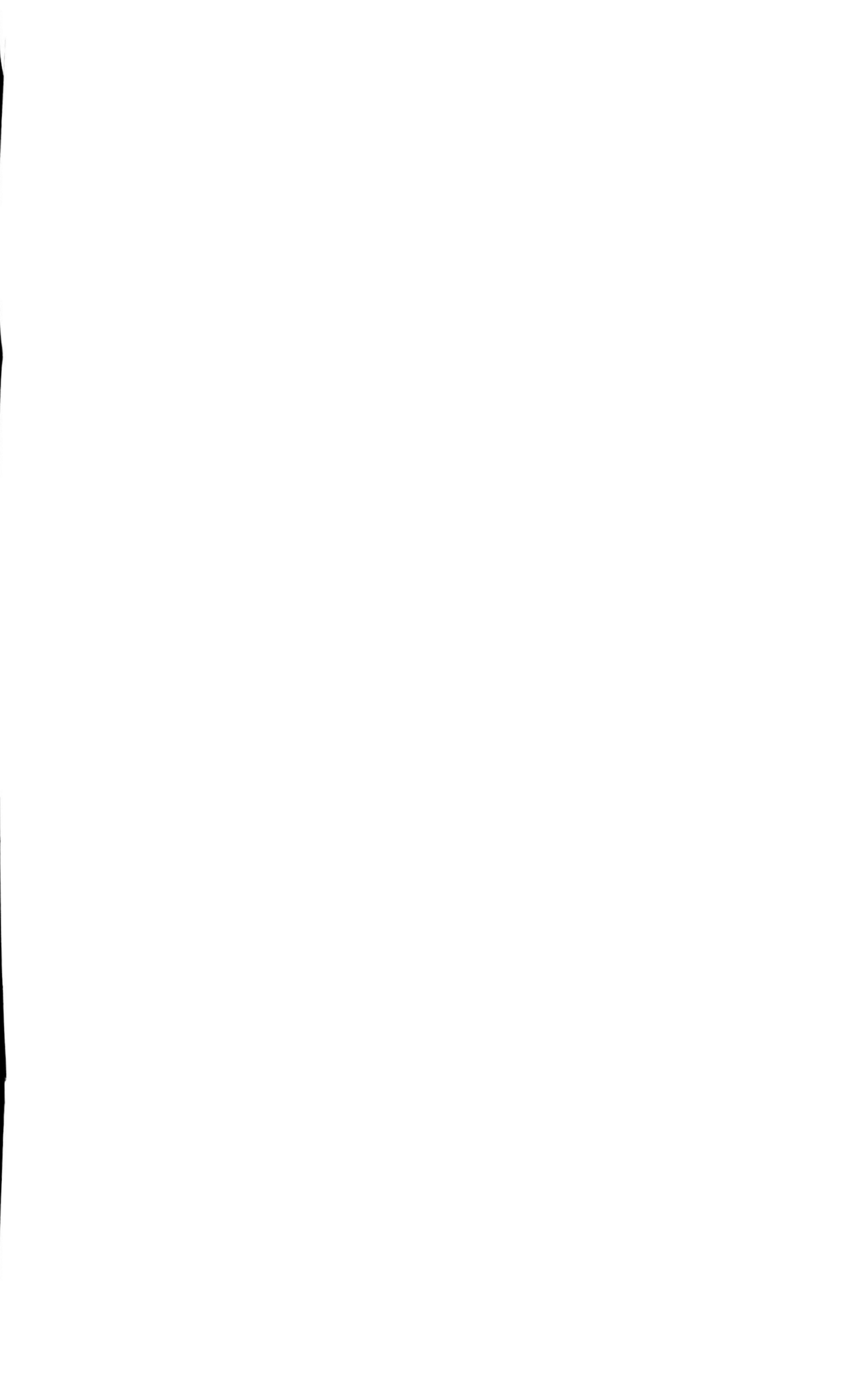

www.ingramcontent.com/pod-product-compliance
Lightning Source LLC
LaVergne TN
LVHW020336230826
846091LV00003B/904

9782012876965